묵상과 기도
야곱의 사닥다리는 하늘에 닿았는가

묵상과 기도
야곱의 사닥다리는 하늘에 닿았는가

오승재

추천의 글

이중수 목사

오승재 장로님의 말씀 묵상은 짧으면서도 핵심이 있고 쉬우면서도 깊이 있는 교훈을 담은 글입니다. 본 묵상은 신학자들의 어려운 이론도 아니고 흔히 들을 수 있는 구태의연한 설교도 아닙니다. 오승재 장로님의 사회적 경력은 결코 낮은 것이 아니지만 말씀의 묵상에서 나온 글들은 겸비하고 친근하며 크리스천으로서의 맑은 성품이 배어 있습니다.

성경의 이해는 학적인 배경만으로는 부족합니다. 성경의 진리는 인생의 굴곡과 삶의 연륜을 거치면서 더욱 깊게 깨달아지고 확인됩니다. 그래서 우리들은 믿음의 어른들이 성경과 함께 평생을 살면서 묵상한 말씀들에 귀를 기울여야 합니다.

오승재 장로님의 묵상집은 숲 속의 샘터를 연상케 합니다. 요즘은

이중수 목사 월간 강해지 『양들의 식탁』 총무, 저서로 『하나님의 무지개』, 『여백의 하나님』, 『믿음의 정상』, 『선지자의 침묵』, 『슬픔이 변하여 춤으로』 등이 있다.

여러 매체를 통해 말씀의 홍수가 범람하는 시대입니다. 그런데 홍수는 맑지 못한 것이 특징입니다. 홍수 물은 아무도 마시지 않습니다. 그러나 겉으로 보면 이상이 없어 보일지 몰라도 물의 근원은 홍수 물인 경우도 많습니다. 하지만 산골짝에 고이는 작은 샘터는 사람들의 눈에 잘 띄지 않을지라도 갈증을 푸는 데에는 가장 시원한 물입니다. 독자 여러분께서 『야곱의 사닥다리는 하늘에 닿았는가』의 맑은 샘터에서 날마다 한 모금씩 마시며 생각하고 느껴 보노라면 보다 나은 하루의 삶을 위한 영적 길잡이를 만나게 될 것입니다.

좋은 글은 신앙생활에 큰 도움이 됩니다. 오승재 장로님의 묵상의 생수가 독자 여러분의 심령 속에 영적 생기를 불어넣고 주님에 대한 사랑의 삶을 더욱 격려해 주리라 믿습니다.

머리말

　기독교는 계시의 종교입니다. 인간이 하나님을 찾아가는 것이 아니고 하나님께서 자신을 계시하시어 타락한 인간을 창조 당시의 인간으로 회복하시기를 원하시는 종교입니다.
　하나님이 인간을 창조해 에덴동산에 두셨을 때 인간은 하나님과 화목했고 모든 것이 하나님 보시기에 아름다웠습니다. 그러나 인간이 죄를 짓고 쫓겨난 후에는 인간은 하나님과 단절되었습니다. 그럼에도 불구하고 하나님은 인간을 사랑하셔서 여러 방법으로 자기를 계시하시고 화해의 손짓을 하셨습니다. 야곱에게 보여주신 사닥다리(창 28 : 12)도 하나의 계시였습니다. 한 쪽 끝은 죄악된 땅에 닿고 다른 한 쪽은 신성한 하늘에 닿은 사닥다리 말입니다. 하늘과 땅을 연결하는 사닥다리는 무엇입니까? 하나님과 인간을 연결하는 다리인데 죄인과 하나님, 유한과 무한을 연결할 수 있는 그런 다리가 있을 수 있을까요? 하나님은 이렇게 비밀스럽게 자신을 나타내었습니다. 야곱이 인간적으로 에서보다 나을 것이 없지만 하나님께서 찾아 오셔서 "땅의 모든 족속이 너와 네 자손으로 말미암아 복을 받으리라"(창 28 : 14)는 약속의 말씀을 주셨기에 야곱은 이스라엘로 살 수 있었음을 새삼 느꼈습니다. 야곱은 당시에는 전혀 알지 못한 일이었겠지만 먼 훗날 예수님께서 "하늘이 열리고 하나님의 사람들이 인자 위에 오르락내리락 하는 것을 보리라"(요 1 : 52)는 말을 했을 때 야곱의 사닥다리는 바로 예수님의 예시(豫示)였다는 사실을 깨닫고 놀랐습니다. 실로 기독교인의 삶은 요란한 세상에서 자기 목적과 꿈을 성공적으로 펼치는 것이 아니고 성경 말씀을 통해 내면의 영의 세계로 파고드는 일이라는 생각을 하게 됩니다. 주 안에서 내 간구가 위로 올라가고 하나님의 계시가 내게로 내려오는 영의 사닥다리(예수님)를 품고 사는 일입니다.

묵상은 말씀의 오솔길을 산책하고 옹달샘에 고인 생수를 마시는 일입니다. 성경 말씀은 분명한 하나님의 계시입니다. 성경을 바로 보고 상황에 알맞게 계시하시는 하나님의 뜻을 찾아 종말을 예비하며 사는 삶이 기독교인의 삶입니다.

저는 성경을 읽어가는 동안 어떤 장·절(章節)에 걸려 더 이상 나갈 수 없으면 이 막다른 골목에 사냥감이 있다는 생각으로 성경을 묵상합니다. 그리고 제가 깨달은 것을 적어 놓습니다. 이런 메모들을 모은 것이 이 『야곱의 사닥다리는 하늘에 닿았는가』라는 책입니다. 하나님의 말씀과 뜻을 깨닫는 일은 사람마다, 그리고 상황에 따라 다르기 때문에 서로 말씀을 나누면 하나님의 뜻을 더 바르게 깨닫게 되리라 생각합니다.

이 부족한 글을 일일이 읽어주시고 추천의 글까지 써주신 월간강해지『양들의 식탁』총무 이중수 목사님께 감사를 드립니다. 또한 내용을 낱낱이 점검해 주신 한일신학대학의 황인복 교수와 이 책을 출판해 주신 글누림출판사의 최종숙 사장님께도 감사를 드립니다.

2007년 11월 오승재

차례

묵상

17 진인사 대천명
20 재단법인 유진벨
24 겉사람과 속사람
27 여호와를 경외하자
30 목이 곧은 백성
33 미녀는 괴로워
36 죄책감으로 연보하지 말라
40 곡이 없는 찬양
44 영원한 안식
48 언어 공해
52 언제까지 배우고 있을 것인가?
56 만물의 마지막과 고난주간
59 돌려줄 수 없는 빚
63 어떻게 믿게 되었는가?
67 믿음이란 무엇인가?
71 배교자도 구원받는가?
75 가인의 후예들
79 기쁨으로 여기는 시험

돈 없는 부자　83
귀신들도 믿습니다　86
웃게 하시고 웃으시는 하나님　89
우리는 다 선생입니다　92
선생을 너무 의지하지 말라　95
왜 신앙이 성장하지 않는가?　98
이 세상은 악합니까?　101
주님 생각이 안 나는 날이 많습니다　104
외치는 기도와 묵상기도　106
야곱의 사닥다리는 하늘에 닿았는가?　109
나는 누구인가?　113
선을 행하면 무엇을 거둡니까?　116
천국의 여행계획　119
내게 도움이 안 되는 예수를 왜 믿는가?　122
666 중독　125
나는 그리스도인인가?　128
정신대 할머니의 상처　132
아직도 내가 살아 있습니까?　135

138 가난한 신자들이여
141 바다 이야기
145 교회를 못 나가서 죄책감이 듭니까?
148 베드로처럼 할 수 없을까?
152 공갈을 그치라
156 통성기도
160 부자 교인들이여
163 붕어빵
166 형식과 위선
169 죽어야 영생에 들어가는가?
172 옳지 않은 예화가 주는 선한 교훈
175 바라지 말고 주라
178 하나님 나라의 확장
182 새벽송
185 대림절의 마음가짐
188 두려워 말라

기도

가정주일에 드리는 아버지의 기도　195
부활절에 드리는 기도　197
8월에 드리는 교회 대표기도　199
가을에 드리는 기도　202

묵상

진인사 대천명

너희 중에 고난당하는 자가 있느냐 그는 기도할 것이요
즐거워하는 자가 있느냐 그는 찬송할찌니라.

야고보서 5 : 13

'진인사 대천명(盡人事而待天命)'이란 인간이 할 수 있는 일을 다 하고 하늘의 뜻을 기다리라는 말입니다. 이것이 기도에도 적용이 되는가 하고 생각해 봅니다. 어려운 일이 있을 때, 또는 병이 들었을 때 사람이 할 수 있는 최선을 다한 뒤 하나님의 뜻을 기다려야 하는가 하는 말입니다. 우리는 너무 겸손해서 자기의 사소한 일까지 어떻게 하나님께 고하고 기도할 수 있느냐고 생각할 때가 있습니다. 기도는 죄를 회개하거나 선교 사업을 위해, 하나님의 일을 수행하기 위한 큰 비전을 위해, 또는 고난당하고 있는 남을 위해서만 해야 한다고 생각합니다. 내가 병이 들어도 의사를 통해 인간으로서 할 수 있는 일은 다 해보고 안 되면 의사가 포기할 때 최후의 수단으로 하나님께 매달려 기도하는 것이 '진인사 대천명'일까요?

저는 기도 만능을 믿는 사람이 아닙니다. 아무리 중한 병이라도 의사를 믿지 않고 하나님을 의지하여 나아야 한다고 기도에 매달리는 사람도 아닙니다. 그러나 고난 중에 있을 때 바로 하나님께 아뢰고 고난을 통해 하나님께서 주시는 음성을 들어 보려고 애쓰며 하나님과 함께 동행하는 삶을 삶으로써 그것이 바로 기도가 되는 그런 체험을 얻고 싶어 하는 사람입니다. 한국 신도들의 기도가 "주시옵소서." 일색의 기복신앙에 기인한 것이 많아 이를 초극하지 않으면 진정한 하나님의 백성이 될 수 없다는 말에도 동의합니다. 그러나 모든 "주시옵소서."의 간구가 자기중심적인 정욕에 쓰려는 기도라고는 생각하지 않습니다. 고난당하는 자는 바로 하나님께 자기 사정을 아뢰어야 합니다. 기도는 결코 최후의 수단이 아니기 때문입니다. 그리고 그분께서 주시는 음성을 듣고 순종하여 그와 동행하는 삶을 살아야 합니다. 이럴 때 '진인사 대천명'이라는 말은 우리가 할 수 있는 기도를 다 하고 하나님의 뜻을 기다리라는 것으로 풀이됩니다.

우리에게 고난이 오면 아무것도 염려하지 말고 낱낱이 아뢰며 기도해야 합니다. 그래야 모든 지각에 뛰어난 하나님의 평강을 우리에게 주십니다(빌 4 : 6~7).

기도 부탁을 하지 않고 자기 힘으로 해결해 보려고 하는 것은 하나님께 자기를 맡기지 못한 교만이라고 생각됩니다. 우리는 거듭나기 위해 십자가에 자기를 못 박고 죄에 대해 그리스도와 함께 죽고 이제는 그 속에서 안식하고 그 안에서 내가 발견되어야 합니다.

기도
어려운 순간이 닥칠 때 제일 먼저 주님을 찾게 해 주십시오. 아멘.

재단법인 유진벨

> 여호와여 원하건대 이제 내 생명을 거두어 가소서 사는 것보다 죽는 것이 내게 나음이니이다 하니 여호와께서 이르시되 네가 성내는 것이 옳으냐 하시니라.
>
> 요나서 4 : 3~4

유진벨은 한국선교사 배유지 목사의 미국 이름입니다. 그는 1895년 한국선교사로 내한해서 1925년 광주에서 격무로 시달리다가 돌아가셨습니다. 선교지에 와서 많은 불행을 겪었습니다. 1901년 목포 선교부에 살면서 전주에서 열린 선교사 모임에 갔다가 부인이 위독하다는 전보를 받고 군산으로 달려갔으나 목포로 돌아오는 배편을 빨리 찾지 못해 아내의 임종을 보지도 못하고 시신을 서울에 있는 양화진 외국인 묘지에 안장했습니다.

일시 미국으로 귀국했다가 귀국시 재혼한 아내와 1904년에 함께 돌아와서 광주 선교부를 창설하고 그해 크리스마스에 첫 예배를 드림으로써 광주교회(현 광주제일교회)를 세웠습니다. 1919년 둘째 아

✝ 야곱의 사닥다리는 하늘에 닿았는가

내를 잃었으나 첫 아내가 남긴 막내딸 샬럿(인사례)이 23살에 한국 선교사로 나와 있던 린튼(인돈, 후에 대전대학 초대학장이 됨)과 결혼하여 2대째 선교사 가정이 되었습니다. 그러나 그는 딸을 결혼시킨 지 4년 뒤 격무로 세상을 떠나 둘째 아내와 함께 광주 양림동에 묻혔습니다.

　그의 셋째 외손자 휴(인휴 목사)는 군산에서 태어났는데 6·25 전쟁 때 2년 동안 미 해병으로 종군한 후 1953년 배유지 목사의 3대째 선교사로 내한하였습니다. 그는 순천에 결핵환자 진료소를 만들어 평생 결핵 퇴치와 결핵환자 재활에 헌신하다가 1984년 진료소의 시설 자료를 운반하다 교통사고로 세상을 떠났습니다. 그러나 한국을 사랑하는 그들의 열정은 여기서 끝나지 않고 인휴 목사의 둘째 아들 스테판 린튼(인세반)의 삶으로 이어졌습니다. 인세반은 1995년 외조부의 한국선교 100주년을 기해 '배유지 내한 백 주년 기념재단'을 설립하고 이사장이 되었습니다. 그리고 1996년 평양에 모인 124명의 평양신학교 동문 모임에서 주제 강연을 했는데 평양신학교를 졸업한 동문들이 북한을 돕는 유일한 매체가 되자고 역설했고, 모두 어려운 북한을 돕자고 후원자들이 되었습니다. 1995년과 1996년의 대홍수와 연이은 한발로 고통을 받는 그들을 위해 20kg짜리 쌀자루를 만들었고, 기념재단의 상징인 로고를 자루 위에 프린트 했습니다. 두 남자가 배에 타고 있고 그 배가 거친 파도를 건너고 있는 '화해'의 그림입니다. 북한 당국에서는 그들의 사랑에 감동하여 많은 일에 협조했습니다. 따라서 배유지 재단의 사업은 결핵 요양소, 유진벨 앰블런스, 응급진단 장비, 북한의 결핵 퇴치 시설 보급 등으로 확장될 수 있었습니다.

한때는 북한 사정으로 이들의 입국이 거절되어 분배에 차질이 생겼는데 적시에 담요를 줄 수가 없어 많은 환자가 병원에서 떠났다고 합니다. 물론 환자들의 영양 공급을 위해 농업물품, 하우스 재배 등도 돕고 있습니다. '짐을 지어 나르는 나귀'의 역할을 하겠다는 것이 그들의 사명 선언입니다.

우리는 우리 안보의 위협이 되는 북한을 미워하고 있습니다. 요나가 훗날 앗수르의 수도가 될 타락한 니느웨의 백성들을 미워하듯 미워하고 있습니다(욘 4:3). 하나님이 왜 그들을 심판하지 않으시는지 이해할 수가 없습니다. 어떤 이들은 북한을 미워하지 않지만 당근만 주지 말고 채찍을 들라고 말합니다. 굶주린 백성을 미워하는 것이 아니고 못된 지도자들만 미워한다고 합니다. 하나님께서 그 잔인무도한 독재자들만 가려내어 처벌하실까요? 하나님께서는 추수할 때까지 가라지를 그냥 두십니다(마 13:30). 추수 때까지 가라지를 뽑지 말고 좋은 곡식을 튼튼히 길러야 할 인내심이 우리에게 필

✝ 야곱의 사닥다리는 하늘에 닿았는가

요합니다. 이세반(스테판 린튼)은 미국에서 곡물을 사서 배로 운반하기에는 비용이 많이 들어 힘들기 때문에 중국이나 한국에서 쌀을 보내는 것이 쉽다고 합니다. 그러면서 피가 안 섞인 미국 사람이 돕고 싶어 하는데 핏줄이 같은 한국인이 왜 외면하는지 이상하다고 합니다. 우리는 저들을 미워하면 '보수'라 말하고 미워하지 않으면 '좌경'이라고 흑백을 가릴 때가 많습니다.

정말 하나님은 이해할 수 없는 분일까요? 이북을 당장 심판하지 않는 것이 죽고 싶을 만큼 싫은 일일까요? 유진벨재단은 북한에 당근만 주어 통일을 지연시키는 이상한 집단일까요? 아니면 기독교인인 내 생각이 짧은 것일까요?

기도

내 뜻대로 악인과 선인을 구별하여 판단하지 않게 하시고 의로운 자와 불의한 자에게 고루 내리시는 하나님의 자비를 이해하게 해 주십시오. 아멘.

겉사람과 속사람

> 그러므로 우리가 낙심하지 아니하노니
> 우리의 겉사람은 낡아지나 우리의 속사람은 날로 새로워지도다.
>
> 고린도후서 4 : 16

저는 95년형 대우 프린스를 지금 10년 이상 타고 있는데 아직 10만 km도 타지 않아서 운전하고 다니는 데 별 문제가 없습니다. 그런데 속을 들여다보면 신품으로 출고된 때와는 전혀 다른 차를 타고 다닙니다. 사고가 한 번 있어 앞 보닛과 차체도 중고품으로 다 갈아 끼었고, 경주용 오토바이 소리가 나서 머플러도 갈았으며 한때는 차가 후진만 되고 전진이 안 되어 타이밍벨트를 갈았습니다. 또 끈끈한 물이 운전석으로 새어나와 알아보니 라디에이터가 구멍이 나 냉각수가 새고 있어 그것도 바꾸었습니다. 물론 워터펌프, 타이어, 배터리, 팬벨트, 점화 배선, 점화배전기 캡 등도 다 갈았지요. 전에는 트렁크 문이 자동으로 열리지 않아 그 부분의 모터도 갈았

† 야곱의 사닥다리는 하늘에 닿았는가

습니다. 지금은 히터가 잘 나오지 않아 그 부분의 전기 부품을 찾으면 다 바꿀 생각입니다. 아직 트랜스미션이나 엔진은 바꾸지 않았습니다.

"이제 차 바꿀 때가 되지 않았습니까?" 이렇게 말하는 사람이 있지만 아직 바꿀 생각이 없습니다. 기계란 오래되면 자연 낡아지기 마련입니다. 그리고 기계는 생명이 없기 때문에 버리면 그만입니다. 그러나 10년 이상을 같이 살고 있으면 그렇게 쉽게 버려지지 않습니다. 어느 날 길에서 차가 갑자기 서버리면 견인차가 끌고 가겠지요. 그러나 그 모양을 보고 있으면 내 분신을 장지로 보내는 것처럼 서글플 것 같습니다.

우리의 육신도 오래되면 점차 기능이 약해지지만 기계와는 조금 느낌이 다릅니다. 나이가 들어가면 장기에도 고장이 생겨 담낭을 제거합니다. 혈압이 높아져 심근경색으로 관상동맥 확장수술로 망을 집어넣습니다. 다리가 부러져 쇠도 집어넣고 암으로 방사선 치료도 받습니다. 70년 넘게 살고 있으면 육체도 중고차처럼 되는 것이지요. 이제 쓸 만큼 썼으니 버려야 할까요? 그 육체 속에 영혼이 70년 이상 함께 살아왔습니다.

바울은 "우리의 겉사람은 낡아지나 속사람은 날로 새로워진다."고 말했습니다. 때가 되면 장막 같은 겉사람을 떠나 예수님을 다시 살리신 하나님 앞에 가서 하나님의 영광을 찬양하게 될 것입니다. 그러나 바울은 주님의 말씀을 전하기 위해 돌을 맞고, 매를 맞고, 옥에 갇히고, 몸에 예수 그리스도의 흔적을 가졌습니다. 그의 육신은 함께 살아온 영혼이 하나님을 고대하며 날로 새로워지도록 훌륭한 기여를 한 것입니다.

우리가 비록 바울과 같은 육신을 가지지 못했으나 속사람이 부활을 소망하며 날로 새로워진다고 감히 말할 수 있을지 모르겠습니다. 그러나 행위로 말미암지 않고 은혜로 우리를 구원해 주시는 하나님께 감사드릴 따름입니다.

기도

육체는 장막 집처럼 낡아져도 주의 날을 고대하는 속사람이 날로 새로워지기를 기원합니다. 아멘.

✝ 야곱의 사닥다리는 하늘에 닿있는가

여호와를 경외하자

> 여호와를 경외하는 자들아 너희는 여호와를 의지하여라
> 그는 너희의 도움이시오 너희의 방패시로다.
>
> 시편 115 : 11

2007년 1월 20일 강원도 평창군에서 리히터 규모 4.8의 지진이 나 모두가 놀랐습니다. 우리나라도 이제는 지진의 잠복기가 지나고 활성기가 오는 것이 아닌가 하는 두려움 때문이었습니다. 고층 건물이 겁 없이 많은 우리나라에서 일본의 관동대지진 같은 리히터 규모 7~8도의 지진이 일어나면 어찌할 것인가?

생각해 보면 세상에는 두려워할 것이 너무 많습니다. 지진과 이에 잇따른 쓰나미 현상, 엘리뇨와 지구 온난화로 빙산이 녹아 해면 수위가 높아지는 현상, 오존층 파괴로 말미암은 지구 대기권의 변화와 피부암……. 이런 자연 재난 말고도 지구를 수십 번이나 날려 버릴 수 있는 핵무기 보유, 911 같은 테러 등을 늘 두려워하고 살

아야 합니다. 이제 세상의 종말이 오는 것이 아닌가 하는 생각을 하게 됩니다. 제자들이 예수님께 재림에 대해 물었을 때 거짓 선지자가 많은 사람을 미혹하며, 민족이 민족을, 나라가 나라를 대적하여 일어나고, 각처에 기근과 지진이 있으리라고 말했습니다(마 24 : 5, 7). 또 말세에는 사람들이 자기를 사랑하며 돈을 사랑하며 교만하며 부모를 거역하며 감사치 아니하며 사나우며 쾌락을 사랑한다(딤후 3 : 2~4)고 했는데 지금이 바로 그런 말세가 아닌가 하는 생각을 하게 합니다.

무엇이 진정 두려워해야 할 대상일까요? 구약 시대에는 하나님을 두려워했습니다. 하나님과 대면하여 친구처럼 이야기하던 모세도 여호와께서 호렙산에서 떨기나무 불꽃 가운데 나타나서 불렀을 때 두려워 얼굴을 가렸다고 했습니다(출 3 : 6). 선지자 이사야도 여호와를 뵙고 "화로다 나여 망하게 되었도다…… 부정한 백성으로 여호와이신 왕을 뵈었음이로다."라고 말했습니다(사 6 : 5). 지성소에 계시는 여호와는 대제사장만 들어가 뵐 수가 있었습니다. 그러나 지금 우리는 우리의 죄를 용서하실 뿐 아니라 과거의 죄는 기억도 않으실 하나님을 왜 두려워하느냐고 말합니다. 이런 죄악된 인간의 성품을 알고 성경에는 "경외하라(하나님을, 여호와를, 주를……)"라는 말을 170번 이상 쓰고 있습니다. 우리는 몸은 죽여도 영혼은 능히 죽

이지 못하는 마귀는

두려워하면서 몸과 영혼을 능히 지옥에서 멸하실 수 있는 하나님은 두려워하지 않습니다(마 10 : 28).

여호와를 경외하면 그분이 얼마나 광대하시며 권능과 영광과 위엄이 충만하시며 나는 얼마나 왜소하고 죄 많은 존재인지를 알게 되어 나를 사랑하여 값없이 은혜로 나를 구원해 주신 것에 감사할 수밖에 없습니다. 그리고 온 우주를 주관하시는 그분만이 나의 방패요 피난처임을 깨닫게 됩니다. 진정 두려워해야 할 분이 나의 피난처입니다.

기도

지진과 쓰나미와 테러로 다시 한 번 두려운 주님을 보여 주시고 내 영을 새롭게 하심을 감사합니다. 아멘.

목이 곧은 백성

> 내가 내 종 모든 선지자를 너희에게 보내고 끊임없이 보내며 이르기를 너희는 이제 각기 악한 길에서 돌이켜 행위를 고치고 다른 신을 따라 그를 섬기지 말라 그리하면 너희는 내가 너희와 너희 선조에게 준 이 땅에 살리라 하여도 너희가 귀를 기울이지 아니하며 내게 순종하지 아니하였느니라.
>
> 예레미야 35 : 15

    하나님은 이스라엘 백성을 사랑하셔서 애굽의 노역장에서 이끌어 내셨습니다. 그러나 그들은 끊임없이 하나님의 말씀에 불순종하여 반역하였습니다. 모세가 10계명을 받으러 시내산에 올라갔을 때 그의 내려옴이 더딘 것을 보고 이스라엘 백성들은 금송아지를 만들어 섬겼습니다. 하나님께서 사무엘을 통해 사울에게 아말렉을 치되 그들의 모든 소유를 진멸하라고 했는데 사울은 아말렉 왕 아각과 그 양과 소의 좋은 것을 남겨 두었다가 왕권을 잃었습니다. 좋은 짐승으로 제사를 드리려고 남겼는데 어쩌랴 하고 경고를 무시하여 모든 것을 잃은 것입니다. 예레미야는 남 왕국 유다가 바벨론에게 멸망될 당시의 선지자로 예루살렘이 함락될 것이라고 눈물로 경고하였

† 야곱의 사닥다리는 하늘에 닿았는가

습니다. "어리석고 지각이 없으며 눈이 있어도 보지 못하며 귀가 있어도 듣지 못하는 백성이여 이를 들을지어다."(렘 5 : 21)라고 경고했으며 예레미야 35 : 15처럼 모든 선지자를 끊임없이 보내며 악한 길에서 돌이키라고 경고해도 저들이 귀를 기울이지 않고 계속 순종치 아니하였습니다. 목이 곧은 백성들은 유다는 평안하며 두 해가 가기 전에 바벨론 왕의 멍에가 오히려 꺾일 것이라는 거짓 선지자 하나냐의 말을 믿었습니다(렘 28 : 10,11). 우리는 하나님의 바른 계시가 없으면 속기 쉽습니다.

 제 친구의 아내는 요통이 심한 사람인데 아들 집에 가면서 그 아들이 엄마가 담아 준 김치가 제일 맛있다는 말을 한 것이 생각나 무리하게 김장을 하다가 다시 요통이 심해져 교회도 빠지게 되었습니다. 무리하면 요통이 생긴다고 사람을 통해 끊임없이 경고를 받았는데 듣지 않은 것입니다. 아들을 위해 좋은 일을 하는 것인데 하나님이 봐 주리라고 생각한 것입니다. 그러나 경고는 착한 일로 상쇄되지 않습니다. 플로리다 남부에 있는 늪지대에 살고 있던 한 부인은 숲 속에 있는 방죽에서 늘 물을 길어다 썼는데 그곳에는 악어가 살고 있었다고 합니다. 그러나 악어도 부인도 서로 해로울 것이 없어 그냥 지냈는데 어느 날에는 물을 길을 때 악어가 갑자기 달려들어 부인의 팔을 베어 먹어버렸습니다. 부인은 악어가 사람을 두려워할 때는 덤비지 않지만 그 두려움이 없어지면 바로 덤빈다는 경고를 무시했기 때문이었다고 합니다. 하나님은 사람을 통해 경고하시는데 죄도 그렇게 허물없이 가깝게 지내면 죄에 먹힌다는 경고를 무시한 것입니다.

기도

하나님의 오래 참으심을 깨닫지 못하고 지속적으로 주신 경고를 무시하지 않게 해 주십시오. 아멘.

미녀는 괴로워

> 내가 주께 감사하옴은 나를 지으심이 심히 기묘하심이라 주께서 하시는 일이 기이함을 내 영혼이 잘 아나이다 내가 은밀한 데서 지음을 받고 땅의 깊은 곳에서 기이하게 지음을 받은 때에 나의 형체(frame)가 주의 앞에 숨겨지지 못하였나이다 내 형질(unformed body)이 이루어지기 전에 주의 눈이 보셨으며 나를 위하여 정한 날이 하루도 되기 전에 주의 책에 다 기록이 되었나이다.
>
> 시편 139 : 14~16

하나님께서는 은밀한 곳에서 지어진 우리 모습을 숨길 수 없으며, 하나님께서는 태에서 우리의 형질이 다 이루기 전에 우리의 미래를 주의 책에 다 기록해 놓으셨습니다. 그런데 최근에는 하나님께서 지어주신 우리 모습을 바꾸려고 필사적인 노력을 하고 있습니다. 바로 성형수술입니다. 우리나라는 값이 싸고 성형수술을 잘한다는 소문이 나서 세계 각국에서 이 나라에 성형수술을 하러 오는 사람이 많은 모양입니다. 의료계 일부에서는 인천 공항 배후도시에 성형수술 단지를 조성해 미국·캐나다 등 선진국 환자를 유치하는 방안도 내놓고 있으며 2007년 1월 복지부도 해외환자 유치를 담당하는 '한국의료해외진흥회'를 설립해 본격적인 유치 작업에 들어갈 방침이라고 했습니다. 그래서 해외환자 유치를 위해 5조 7,000억 원의 예산을 투입한다는 것입니다. 하나님께서 주신 몸을 이렇게 바꿔도 되는 것인지. 어떤 중국 여성은 한국에 와서 성형수술을 하고 돌아가다가 상해 공항에서 여권에 있는 사진과 본인의 얼굴이 맞지 않아 가족까지 동원되어 겨우 입국했다는 기사가 실린 적이 있습니다. 우리는 하나님으로부터 멀리 도망갈 뿐 아니라 아예 딴 모습으로 살려고 하고 있습니다.

<미녀는 괴로워>라는 영화는 엄청난 뚱보라는 이유로 주위의 멸시를 받던 여성이 목숨을 건 성형수술을 통해 늘씬한 미녀로 변신하면서 벌어지는 소동과 외모지상주의를 풍자한 코믹 드라마입니다. 미녀로 변신한 그녀가 무엇이 괴로웠을까요? 변신한 뒤 옛날의 자신이 밝혀질까봐 부모도 친구도 버리고, 자기 여자만큼은 칼을 대면 안 된다는 애인 앞에서 자기 아닌 딴 사람으로 사는 것이 괴로웠던 것입니다. 자기 욕망에 사로잡혀 해서는 안 될 짓을 한 것 같은 가책, 애인에게 진실하지 못한 것, 여러 사람 앞에 떳떳하지 못한 것, 고민과 우울…… 이런 것들이 밖으로는 웃지만 안으로는 많은 주름을 만들게 한 것이 아니었을까요?

사회가 몸매가 받쳐주지 않으면 진급도, 취직도, 결혼도 안 된다는 의식에 사로잡혀 있으면 모험을 할 수밖에 없습니다. 더구나 미

모가 생명인 연예인들은 더할 나위가 없습니다. 그들은 성형을 안 하면 못 생겼다고 외면당하고 성형을 하면 자연산이 아니라고 비웃음을 당합니다.

언제쯤 큰 집, 외제 차, 물질지상주의 등의 맘몬주의나 외모지상주의가 우리의 의식을 지배하지 않을 때가 올지 모르겠습니다. 하나님은 외모를 보지 않고 중심을 보십니다(삼상 16 : 7). 주를 믿음으로 기독교인의 의식이 먼저 변화되고 온 사회인의 의식이 변화되었으면 합니다.

기도

가진 것이나 생긴 것으로 자랑하거나 비판하지 않게 하시고 우리 안에 계시는 하나님을 자랑할 수 있게 해 주십시오. 아멘.

죄책감으로 연보하지 말라

> 네가 이 세대에서 부한 자들을 명하여 마음을 높이지 말고 정함이 없는 재물에 소망을 두지 말고 오직 우리에게 모든 것을 후히 주사 누리게 하시는 하나님께 두며 선을 행하고 선한 사업을 많이 하고 나누어 주기를 좋아하며 너그러운 자가 되게 하라.
>
> 디모데전서 6 : 17~18

바울은 디모데에게 잘사는 자들에게 교만하지(마음을 높이지) 말고 불확실한 재물에 기대를 걸지 말라고 명하기를 권면합니다. 재물은 스스로 날개를 내어 하늘을 나는 독수리처럼 날아가 버릴 것(잠 23 : 5)이기 때문입니다. 정함이 없는 재물에 소망을 두지 말고 하나님께 두라고 명령하라는 것입니다. 결코 잃어서는 안 될 하나님을 얻기 위하여 지킬 수 없는 재물을 버리는 것은 현명한 일이기 때문입니다. 하나님께서는 우리에게 모든 것을 후히 주시며 누리게 하십니다. 그러나 하나님께서 주셔서 부하게 된 사람은 많지만 부를 누리는 사람은 많지 않습니다. 참으로 부를 누리려면 선을 행하고 선한 사업을 많이 하고 나누어 주기를 좋아하는 너그러운 사람이

† 야곱의 사닥다리는 하늘에 닿았는가

되어야 한다고 성경은 말하고 있습니다.

바울은 고린도 교인들에게 연보를 당부하면서 "이는 다른 사람들은 평안하게 하고 너희는 곤고하게 하려는 것이 아니요 균등하게 하려 함이니 이제 너희의 넉넉한 것으로 그들의 부족한 것을 보충함은 후에 그들의 넉넉한 것으로 너희의 부족한 것을 보충하여 균등하게 하려 함이라."(고후 8 : 13~14)고 말했습니다. 부한 형제가 연보하여 가난한 형제를 도우면 이것이 빈부를 균등하게 하는 것이라는 말입니다. 또 이렇게 연보하는 것을 인색함으로나 억지로 하지 말라고 했습니다.

역사적으로 우리 교인들은 부자보다 가난한 교인들이 풍성한 연보를 넘치도록 했습니다. 일제의 학정 밑에서 상해 임시정부를 위한 연보는 해외 노동자들의 피나는 열정이 큰 도움이 되었습니다. 해방 후로 우리나라 농촌 교회는 가난한 교인들이 자기의 노동력을 제공했을 뿐 아니라 끼니를 거르며 연보하여 지었습니다. 이것은 빈부 평준화 개념의 연보는 아닙니다. 지금은 부한 사람이 가난한 사람의 몫을 담당하여 연보하지 않습니다. 구원을 받은 사람은 다 하나님께 감사드리며 헌금을 합니다. 죄의 멍에를 벗게 하실 뿐 아니라 후히 넘치게 주시고 꾸짖지 않으신 하나님께 감사하며 그의 영광을 위해 바치는 것입니다. 그런데 어떤 교인은 십일조를 믿음의 척도로 생각하는 사람이 있습니다. '십일조는 레위 자손에게 준 기업이다. 또 제단을 섬기는 자와 복음 전하는 자는 십일조로 살아야 한다. 십일조는 교회의 창고에 다 넣어야 한다.'고 바리새인처럼 목소리를 높입니다. 그러나 그가 십일조는 하되 주일성수를 안 하면, 새벽기도를 안 하면, 교회 봉사를 안 하면, 선교에 열정이 없으면 마찬가지로 믿음이 없는 사람이 되지 않겠습니까? 이것도 하고 저것도 해야 하는데 하나라도 거침이 되면 죄의식을 갖게 될 것입니다. 이것이 바로 율법의 올가미에 걸려들게 되는 일입니다.

바울은 갈라디아에 흩어진 교인들에게 "그리스도께서 우리를 자유롭게 하려고 자유를 주셨으니 그러므로 굳건하게 서서 다시는 종의 멍에를 메지 말라."(갈 5 : 1)고 말하며 의롭게 되는 것이 율법 때문이라면 그리스도께서 헛되이 죽은 것(갈 2 : 21)이라고 말했습니다. 자원해서 기쁘게 바치게 되면 율법에서 자유로워집니다. 성령 안에 감사하며 하나님께 영광을 돌리는 헌금을 하면 됩니다. 죄의식을 가지고 십일조를 드릴 이유가 없습니다.

주께서 십자가에서 보혈의 피를 흘리시고 우리를 구속하사 귀한 자유를 주셨는데 다시 율법의 멍에를 질 수 없습니다. 부자가 적게 낸다고 비난하지 말고, 가난한 자가 복을 받으려고 무리하게 낸다고 조롱하지 말고 얼마를 드리든 십분의 일이 하나님의 것이라고 마음으로 생각하고 기쁘게 드리면 됩니다. 십분의 일이 옳은데 그렇게 드리고 있지 못한다면 하나님께서는 훔쳤다고 생각하는 분량만큼 어떤 방법으로든 거두어 가실 것입니다.

기도

우리를 자유케 하려고 십자가를 지신 주께서 주신 자유를 제한하는 모든 어둠의 세력을 제거하시고 오직 기쁨으로 하나님에게 연보할 수 있는 너그러운 마음을 주십시오. 아멘.

곡이 없는 찬양

하나님은 온 땅의 왕이심이라 지혜의 시로 찬송할지어다
God is the king of all the earth; sing praise with understanding.

시편 47 : 7

    하나님은 기쁨의 함성과 나팔소리 가운데 자기 보좌로 올라 가셨습니다(시 47 : 5). 따라서 우리는 영광 중에 하나님을 찬양해야 합니다. 하나님을 깊이 상고한 지혜자에게 계시로 자기를 알게 하신 시로 그분을 찬양해야 합니다(sing praise with understanding).

    이런 이야기가 있습니다. 하나님께서 최초로 세상을 창조하시고 흡족하시어 천사들을 곁에 불러 하나님께서 지으신 세상이 어떠냐고 물었습니다. 한 천사가 모든 것이 보기에 좋은데 한 가지 부족한 것은 창조주를 찬양하는 음악이 없는 것이라고 대답했습니다. 그러자 하나님은 공중의 새들과 인간에게 아름다운 음악을 주셨다고 말했습니다. 우리는 하나님이 임재하신 성소에서, 모든 경우에 모든 방법을 동원하여 호흡이 있는 자는 다 찬양해야 합니다(시 150). 그런데 찬양을 하면서 곡이 없으면 어떻게 될까요? 하나님께서 기뻐 받으실까요?

우리는 가끔 곡에 심취해서 가사를 잊어버리는 수가 있습니다. 어떤 복음성가 경연대회에서는 발표자가 작곡·작사한 것에 가산점을 주어 짧은 시일에 작곡·작사한 것을 하나님을 찬양하는 노래로 바칩니다. 먼저 작곡을 하되 팝송과 비슷하게 호소력이 있는 곡을 만들고 성경에서 가사를 따오는 경우도 있습니다. 곡이 우선입니다. 반대로 청각장애자는 수화로 찬양을 합니다. 곡이 없이 가사로 찬양하는 것입니다. 기쁨의 함성과 나팔소리로 찬양해야 하는데 드럼과 심벌즈를 치고 키보드로 장내가 요란하게 찬양을 해도 듣지 못하고 수화로 찬양하는 이 모습을 하나님께서는 어떻게 받으실까요?

<놀라운 은혜(Amazing Grace)>(우리나라 찬송 405장, 나 같은 죄인 살리신)라는 찬송은 영국의 오올니(Olney) 교구의 목사 존 뉴톤이 시인 코퍼(Willian Cowper)와 함께 1779년 출판한 <오올니 찬송가집>에 수록된 찬송입니다. 7살 때 폐병으로 어머니를 잃고 9살부터 지중해 지역의 선장이었던 아버지를 따라 배를 탔던 그는 성질이 거칠었습니다. 17살에 아버지의 주선으로 해군에 들어간 그는 규칙생활을 견디다 못해 탈영하다 붙들린 후 노예상선에 팔리게 되었습니다. 15

개월의 노예생활에서 해방되어 고향으로 오던 중, 심한 풍랑을 만나 죽게 되었습니다. 그때 "주여 자비를 베푸소서."라는 말이 절로 나왔는데 이를 계기로 신성모독과 음주와 도박을 금했으며 그때부터 1748년 5월 10일을 자기가 변화된 기념일로 지켰다고 합니다. 그 뒤 29살 때 부흥회에 참석하여 존 웨슬리 등 유명한 부흥사들의 강연을 듣고 감동했으며 신학 공부를 열심히 하여 1764년(39세)에는 오올니 교구의 목사가 되었습니다. 그는 과거의 죄를 뉘우치며 자기 같은 죄인을 살리신 주님, 잃었던 자기를 찾으신 주님, 장님인 자기에게 광명을 준 주님을 찬양했습니다. 많은 위험과 수고와 함정에서 여기까지 안전하게 인도하신 것은 주의 은혜라고 노래했습니다. 다윗의 회개의 시처럼 고뇌에 찬, 그리고 하나님의 은혜에 매달리는 그의 가사를 읽고 있으면 곡이 없어도 하나님께서 받으실 만한 찬양이라는 생각이 듭니다. 곡은 가사에 감동할 때 마음속에서 덩실덩실 춤을 추는 운율로 드러난다고 생각합니다.

 이 찬송은 조지아 주에 있던 체로키(Cherokee) 인디언이 그곳 금광이 발견 되었을 때 그들 4천여 명이 생명을 잃고 추방당하면서(Trail of Tears, 1838 ; 최후의 남부 인디언 체로키 족의 대이동) 자기네 말로 번역된 이 찬송을 했다고 합니다. 쫓겨나던 인디언이 어떻게 그것이 하나님의 은혜라고 이 찬송을 했는지 모릅니다. 그러나 그 때부터 이 찬송을 체로키의 국가라고 한답니다.

2007년 12월 21일은 뉴턴 목사의 200주년 추모일입니다. 신자나 불신자나 애창하는 이 찬송은 200년을 살아남은 찬송가입니다. 곡이 없어도 충분한 주께서 받으실 만한 찬양입니다.

청각 장애자가 아닌 우리는 복된 사람들이지만 곡이 있는 찬양을 할 때 꼭 가사를 기억하며 은혜를 받아야 하겠습니다.

기도

찬송가의 곡에 취해서 나의 영을 하나님께 인도하는 가사를 기억하며 찬양하는 일을 소홀히 하지 않게 해 주십시오. 아멘.

영원한 안식

> 만일 여호수아가 그들에게 안식을 주었더라면 그 후에 다른 날을 말씀하지 아니하셨으리라 그런즉 안식할 때가 하나님의 백성에게 남아 있도다.
>
> 히브리서 4 : 8~9

서울 외국인 묘지공원에 가면 이런 묘비명도 있습니다.

"주님! 길고 긴 여행을 끝내고 이제 나는 안식을 얻었습니다."

사람은 죽기 전에는 참다운 안식을 얻을 수 없는 모양입니다. 그래서 긴 고난의 여정을 끝내고 하나님 품에 안길 때 안식을 얻었다고 고백하고 있는 것입니다. 안식이란 쉽게 말해서 몸과 마음이 평안을 얻는 것입니다. 안식처에서는 악한 자가 소요를 그치며, 곤비한 자가 평강을 얻으며, 종이 상전에게서 놓이며, 적으로부터 자유롭고 평안을 누리는 곳입니다. 정말 이런 안식처가 있을까요? 고통

✝ 야곱의 사닥다리는 하늘에 닿았는가

과 수고와 전쟁과 갈등은 죽어야만 끝나는 것일까요? 성경이 말하는 진정한 안식은 무엇일까요? 신명기에는 "너희가 너희 하나님 여호와께서 주시는 안식과 기업에 아직은 이르지 못하였거니와 너희가 요단을 건너 너희 하나님 여호와께서 너희에게 기업으로 주시는 땅에 거주하게 될 때 또는 여호와께서 너희에게 너희 주위의 모든 대적을 이기게 하시고 너희에게 안식을 주사 너희를 평안히 거주하게 하실 때에…… 내가 네게 명한 모든 것을 거기서 행할지니라."(신 12 : 9~10, 14)라고 말하고 있습니다.

하나님께서는 이스라엘 백성을 애굽 땅에서 인도하여 내셔서 430년간 노예로 갇혀 있던 생활에서 구해 주셨습니다. 그리고 가나안 땅을 최종적으로 안식할 땅이라고 말씀하셨습니다. 이제 선택된 이스라엘 백성의 고생과 수고는 거기서 끝나고 안식한다는 이야기입니다. 그러나 가나안 땅은 영원한 안식처가 되지 못했습니다. "하나님의 지으시던 일이 일곱째 날이 이를 때에 마치니 그 지으시던 일이 다하므로 일곱째 날에 안식하시니라."(창 2 : 2)고 말씀하신 하나님의 안식은 피곤하고 고통스러워서 쉬는 안식이 아니었습니다. 창조 사업을 온전히 마치신 뒤 누리는 평안의 안식이었습니다. 가나안 땅은 그 안식과는 다른 것이었습니다. 그래서 그들은 그 안식에는 들어가지 못한 것입니다. "여호수아가 그들에게 안식을 주었더라면 그 후에 다른 날을 말씀하지 아니하셨으리라."고 히브리서 기자는 말하고 있습니다. 가나안이 최종적인 안식처가 아니어서 영원한 안식에 들어갈 다른 날을 말했다는 것입니다.

"오랜 후에 다윗의 글에 다시 어느 날을 정하여 오늘이라고 미리 이같이 일렀으되 오늘 너희가 그의 음성을 듣거든 너희 마음을 완고하게 하지 말라 하였나니."라고 시 95 : 7을 인용하여 하나님을 거역하여 안식에 들어오지 못한 이스라엘 백성에게 시일을 연장하여 다시 '오늘날'을 주어 안식할 때가 남아 있음을 말했습니다. 이 안식은 분명 육체적인 안식이 아니고 영적인 안식입니다.

전적으로 무능해져버린 우리 인류가 어떻게 율법을 지켜 하나님의 영적인 안식에 들어갈 수 있겠습니까? 우리를 사랑하사 자기 몸을 버리신 하나님의 아들과 함께 육체적으로 죽고 영으로 거듭나는 일밖에 없습니다. 창세전에 우리를 택하시고 죄 짐을 지고 십자가에 돌아가시고 성령으로 우리를 보존하시는 주님의 은혜로 우리가 새롭게 되지 않고는 영원한 안식을 소망할 수 없습니다. 주의 보좌로 담대히 나아갈 수 있는 것도 오직 주의 은혜입니다. 그래서 주님은 "수고하고 무거운 짐진 자들아 다 내게로 오라 내가 너희를 쉬게(안식하게) 하리라."(마 11 : 28)고 우리를 초대하고 계십니다. 오늘날 우리가 얻을 수 있는 영원한 안식은 예수 그리스도를 영접하고 주께서 내 안에 오셔서 사실 때 누릴 수 있는 안식입니다.

기도

하나님의 백성에게 남아 있다고 약속한 안식에 들어갈 수 있게 해 주십시오. 무거운 짐을 주께 다 맡긴 뒤에 죽음에서 영원한 생명으로 옮긴 순간 주께서 주시는 참안식을 얻게 해 주십시오. 아멘.

언어 공해

> 여호와여 내 입에 파수꾼을 세우시고 내 입술의 문을 지키소서.
>
> 시편 141 : 3

요즘은 길거리에서 젊은이들이 남녀 할 것 없이 욕을 함부로 하는 것을 들을 수 있습니다. 아마 이것은 케이블 TV의 재탕 영화 같은 데서 영향을 받은 것이 아닌가 생각됩니다. 욕은 우리의 품위를 손상시키는 일입니다. 품위 있는 사회에서는 욕을 자제합니다. 거칠고 험한 빈민촌에 사는 사람일수록 욕을 많이 합니다. 상류 계층의 사람들이 품위를 지킨다고 욕을 하지 않는 것은 위선을 떠는 것으로만 보이고, 마음속에 쌓인 울분과 욕을 내뱉고 사는 자기네가 더 거짓 없고 솔직하다고 생각되기 때문일 것입니다. 아예 욕을 세상에 노출하고 사는 것이 좋다고 생각해서인지 지난 1996년 광주에서는 '제1회 전국 욕쟁이 대회'를 연 적도 있습니다.

야곱의 사닥다리는 하늘에 닿았는가

거리의 불량배로 사는 사람들이나 조폭들은 욕이 없이는 살 수가 없습니다. 또 이들을 다루는 강력범 형사들도 심한 파열음으로 욕하게 마련입니다. 상습적인 욕쟁이가 아닌 사람도 가끔 욕을 하면 짜릿하니 마음이 시원해지기도 한다고 합니다. 욕을 자제하지 못하게 하는 것은 마귀의 장난입니다. 그래서 이런 일이 시간이 갈수록 전염되어 국민들이 모두 자제력을 잃으면 우리나라는 세계 1위의 욕쟁이 국가가 될 것입니다. 욕은 아름다운 생각과 질서를 파괴하고 상대방을 격노케 하며 적개심을 일으키고 사람의 마음을 악하고 사납게 만듭니다. 이것은 대기오염처럼 언어 공해가 되어 우리의 숨통을 조이게 될 것입니다.

희랍 신화에 의하면 아우게아스(Augeas) 왕은 3,000마리의 소를 둔 마구간을 가지고 있었는데 그 마구간은 30년간이나 한 번도 청소한 일이 없었답니다. 그런데 왕은 거인 헤라클레스를 시켜 하루 동안에 이 불결한 마구간을 다 깨끗이 하라는 명령을 내렸습니다. 거인 헤라클레스도 이 마구간의 광대함과 그 더러운 정도를 보고 어쩔 수가 없어서 마구간 양 옆을 흐르는 알페우스와 페네우스 강을 이 마구간 위를 흐르게 하여 말끔히 청소했다는 것입니다. 이때 이 오염된 강물을 상상이나 할 수 있겠습니까? 우리도 방방곡곡에 욕이 가득 차면 먼저 생수의 강물로 그것을 씻어내야 할 것입니다. 우리 마음에 더럽고 악한 생각이 쌓이면 그것은 밖으로 튀어 나올 수밖에 없습니다. 성경에는 "음행과 온갖 더러운 것과 탐욕은 너희 중에서 그 이름조차도 부르지 말라 이는 성도에게 마땅한 바니라."(엡 5 : 3)라고 쓰여 있습니다. 먼저 기독교인부터 마음속을 정화하는 일을 시작해야 하겠습니다.

지금은 사순절 기간입니다. 예수님께서는 보혈로 우리를 구원하시기 위해 십자가의 부끄러움을 참으셨습니다. 자기에게 거역한 죄인들을 천국 백성으로 삼으시기 위해 참으셨습니다. 지금 은혜로 구원받은 우리가 해야 할 일은 오래 참음으로 잃은 자와 욕쟁이들을 친구로 삼아 함께 사회를 정화하는 일입니다. 소금으로 맛을 내듯 욕이 아니고 순화된 말로 세상에서 사는 맛을 알게 하며 우리의 가슴을 그들에게 열고 하나님의 비밀한 것을 전할 수 있어야 하겠습니다.

저는 얼마 전 운전을 하다가 아내의 말에 화가 나서 "그럴 것이면 나와 살지 않을 각오를 하라"고 심한 말을 했습니다. 비록 욕은 아니라 할지라도 이것은 심장을 찌르는 언어의 횡포입니다. "하나님께서 주신 몸에 칼을 댈 생각은 하지 마십시오. 우리는 밖이 아니고 안에서 생기는 병을 걱정할 때입니다." 이렇게 조용히 말할 수 있었을 것입니다. 우리는 일주일 이상 대화의 문이 막혔습니다. "혀는 능히 길들일 사람이 없나니 쉬지 아니하는 악이요 죽이는 독이 가득한 것이라."(약 3 : 8)는 말씀이 내 마음을 오래도록 눌렀습니다. 순화된 말로 아름다운 사회를 만들어야 하겠습니다.

기도

내 마음에 지옥의 불이 있습니다. 이 불을 세상에 쏟아놓지 않게 하시고 내 마음의 속사람을 정결케 하시어 내 입의 말이 세상을 정화하게 해 주십시오. 아멘.

언제까지 배우고 있을 것인가?

> 때가 오래 되었으므로 너희가 마땅히 선생이 되었을 터인데 너희가 다시 하나님의 말씀의 초보에 대하여 누구에게서 가르침을 받아야 할 처지이니 단단한 음식은 못 먹고 젖이나 먹어야 할 자가 되었도다.
>
> 히브리서 5 : 12

히브리서는 기독교로 개종한 유대인들에게 보내는 편지입니다. 그런데 저자는 이들이 단단한 음식을 못 먹는 자들이라고 말합니다. 하나님의 말씀의 초보자로, 개종할 당시 가르쳤던 교리를 젖으로 친다면 지금은 스스로 하나님을 찾아갈 수 있을 만큼 성숙하여 더 복잡한 교리도 이해할 수 있는, 단단한 음식을 먹을 수 있는 단계인데 아직도 젖이나 먹는다고 안타까워합니다.

우리나라에 장로교가 들어 온 지 120여 년이 지났는데 우리는 지금 단단한 음식을 먹을 정도가 되었는지 돌아보게 됩니다. 우리도 지금쯤 마땅히 선생이 되었어야 할 텐데 지금도 젖을 먹고 있지 않나요? 우리는 일제시대까지 줄곧 주입식 교육에 길들여져 왔습니다.

† 야곱의 사닥다리는 하늘에 닿았는가

그래서 성경공부도 교사를 모시고 배우는 것만 해 왔습니다. 토론하고 삶을 나누는 것에는 미숙합니다. 듣기는 많이 하지만 그것을 어떻게 실천할지 알지를 못합니다. 교회에서 설교 듣고, TV로, 방송으로, 또 수련회를 통해, 성경공부를 통해 너무 많은 말씀을 들어 말씀(다른 사람이 깨달은)의 홍수 속에 익사할 지경입니다. 그러나 우리의 삶은 변화되지 않습니다. 고기를 잡아 잘 요리해서 입에 넣어 준 음식만 먹어 왔기 때문에 스스로 낚시질을 해서 살아나가는 능력이 퇴화한 것입니다. 어떤 이는 현대인들은 점차 퇴화해서 읽지도, 쓰지도 못하고 생각할 줄도 모르며 TV밖에 볼 줄 모르게 될 것이라고 극언을 합니다.

직장에서, 교회에서, 가정에서 하는 성경공부에 대해 생각해 봅니다.

하워드 핸드릭스의 '삶을 변화시키는 가르침'에 있는 교육의 원리 속에 이런 것이 있습니다. 목표를 분명히 하고, 생각하는 법, 배우는 법, 공부하는 법을 배우게 해야 한다는 것입니다. 그럼 분명히 해야 할 성경공부의 목표는 무엇입니까? 복음주의 신학자이며 장로교의 시조인 칼뱅은 인간은 '전적으로 타락'했기 때문에 어떤 노력으로도 선악을 분별할 수 있는 능력을 가질 수 없다고 합니다. 그렇다면 성경공부의 목적은 성서를 공부하여 더 많은 지식을 획득하여 형안을 갖는 데 있지 않을 것입니다. 성경은 하나님의 구원사업니다. 따라서 공부하면 할수록 우리는 오직 은혜로만 구원되는 것을 깨닫게 되어야 합니다. 핸드릭스는 '학습자가 스스로 배우고 행할 수 있도록 아무 것도 말해 주지 않아야 한다'고 강조하고 있습니다. 도대체 이런 성경공부는 어떻게 하는 것입니까?

  한 가지 방법은 공부하는 구성원들이 돌아가면서 성경을 묵상하고 발표하는 것입니다. 이는 발표자로 하여금 읽게 하고 생각하게 하고 쓰게(생각을 발표)하는 일입니다. 또 나머지 학습자들은 그를 통해 생각하는 법, 배우는 법, 공부하는 법을 익히는 것입니다. 특정한 분에게 하나님이 자신을 계시해 준 것을 듣는다는 것은 엄청난 깨달음입니다.

  성경공부는 강사가 얼마나 잘 가르치느냐가 문제가 아니고 공부한 구성원들이 얼마나 거듭난 사람으로 변화되느냐가 문제입니다. 성경공부는 지식을 배우는 것이 아니기 때문에 말씀을 통해 변화된 체험을 내 것으로 만드는 일입니다. 예수님은 우물가의 여인을 가르치지 않고 그냥 대화만 했습니다. 그러나 그녀는 예수님을 선지자라고 인식하게 되었고 드디어는 메시아라고 동네 사람들에게 전하게 되었습니다. 성경공부를 가르치고 배우는 패턴에서 떠나 말씀을 묵상하고 주를 만난 체험을 나누면 그것이 우리를 변화시키는 가르침이 되리라고 생각합니다.

✝ 야곱의 사닥다리는 하늘에 닿았는가

성경공부의 위대한 지도자는 예수님입니다. 꼭 훌륭한 신학자인 지도자가 필요하다면 그분을 지도자로 모시되 각자가 읽고 생각하고 발표한 뒤 빗나간 방향만 그 지도자가 바로잡도록 해, 주입식 교육에서 스스로 묵상하고 주를 만나는 경험을 갖는 형태의 성경공부로 바꾸어야 한다고 생각합니다.

기도

주님께서는 젖으로 우리를 먹이셨습니다. 그러나 이제 단단한 음식을 예비하셨습니다. 단단한 음식으로 성장하게 하시며 성숙한 기독교인으로 변화되게 해 주십시오. 아멘.

만물의 마지막과 고난주간

> 만물의 마지막이 가까이 왔으니 그러므로 너희는 정신을 차리고 근신하여 기도하라 무엇보다도 뜨겁게 서로 사랑할지니 사랑은 허다한 죄를 덮느니라.
>
> 베드로전서 4 : 7~8

    하나님의 역사는 반복되거나 윤회하는 것이 아니고 창조로 시작해서 종말로 끝납니다. 그런데 우리가 호기심을 가지고 있는 종말의 때는 아무도 모르고 하나님만 아십니다(막 13 : 32). 나의 종말도 알 수가 없습니다. 다만 나의 육체가 티끌로 돌아가는 날이 올 것이라는 것을 알 뿐입니다. 나의 가족과 친구들이, 그리고 나보다 젊은 주변 사람들이 병으로, 사고로 하나 둘 사라져 가는 것을 보면 언젠가 내가 떠날 날도 올 것이라는 것을 느끼게 합니다.

    자기들이 살아 있는 동안에 예수님이 재림할지도 모른다고 믿고 있던 초대교회 신도들은 마지막 날이 더욱 궁금했습니다. 그런 그들에게 베드로는 정신을 차리고 근신하여 기도하라고 말했습니다.

✝ 야곱의 사닥다리는 하늘에 닿았는가

근신한다는 말은 자제(self-controlled)한다는 말입니다. 성도들은 사람의 정욕을 좇지 않고 하나님의 뜻을 좇아 육체의 남은 날을 계수하는 지혜를 가지고 살라는 말입니다. '정신을 차린다(clear minded)'는 무슨 뜻입니까? 우리는 타락해서 선악을 분별할 능력이 없습니다. 마치 한센 병에 걸린 사람이 불에 들어가거나 못에 찔려도 의식하지 못하고 있는 것이나 마찬가지입니다. 이런 이들을 위해 요즘은 새로운 장치를 고안해서 그것을 몸의 각 부위에 붙이고 있으면 신호 체계가 이 위험을 뇌에 알려 준다고 합니다. 이와 같이 우리는 스스로 깨어 있을 수 없으므로 성령의 능력으로 우리의 영이 마지막 날까지 온전히 보존되기 위해 깨어 있어야 한다는 말입니다. 이렇게 하나님의 신호에 정신을 차리고 기도하라고 말합니다.

다시 뜨겁게 서로 사랑하라고 말합니다. 사랑은 옛 계명을 완성하고 새 계명을 주실 때에 주께서 우리에게 주신 말씀입니다(요 13 : 34). 저는 이번에 요한일서 3 : 14절에 "사랑하지 않은 자는 사망에 거한다."는 말씀을 발견하고 깜짝 놀랐습니다. 우리가 사망에서 옮겨 생명으로 들어가는 것(구원 받은)은 "사랑하라"는 명령을 지킬 때라는 말씀입니다.

예수님의 고난주간을 앞두고 우리 가정에는 수난이 계속 되었습니다. 아내와 누이동생, 제수와 제가 이상한 병들을 얻었습니다. 이런 신호는 몇 년 안에 우리가 얼굴을 대하고 서로 사랑할 수 없을지 모른다는 뜻이기도 합니다. 이럴 때 더욱 뜨겁게 서로 사랑하며 기도해야 하겠습니다.

고난주간은 만물의 마지막을 생각나게 하는 절기입니다. 그분은 자기를 단번에 제사로 드려 죄를 없게 하시려고 세상 끝에 나타나셔서 고난을 받으셨기 때문입니다(히 9 : 26). 이 기간에 주님의 사랑을 체험하고, 순종과 겸손, 섬김과 용서를 묵상하며 주를 닮아 갈 수 있기를 원합니다.

기도

마지막 날이 가까워져 옴을 볼수록 더욱 뜨겁게 서로 사랑할 수 있게 되기를 빕니다. 아멘.

돌려줄 수 없는 빚

> 너는 네 떡(식물)을 물 위에 던져라 여러 날 후에 도로 찾으리라 일곱에게나 여덟에게 나눠 줄지어다 무슨 재앙이 땅에 임할는지 네가 알지 못함이니라.
>
> 전도서 11 : 1~2

솔로몬은 미래는 아무도 알 수 없지만 가만히 앉아 있지 말고 부지런히 투자하라고 말합니다. 무역으로 많은 돈을 벌었던 솔로몬은 해상무역이 얼마나 위험한 모험인줄 알면서 물 위에 네 떡을 던지라고 말합니다. 물 위에 던진 떡이 어디로 갈지 또 언제 많은 이익을 가지고 돌아올지 하나님밖에 아시는 분이 없습니다. 그러나 부지런히 던지라고 말합니다. 결과는 하나님께 맡기고 후하게 막 던지라는 것입니다. 그러나 그는 투자는 신중하게 하라고 덧붙입니다. 한 바구니에 계란을 다 넣어 '올인'하지 말고 일곱, 아니 여덟(yes to eight ; 전 11 : 2)으로 나누어서 던지라고 말합니다.

이것은 부한 사람이 가난한 사람에게 자비를 베풀라는 뜻으로 해

석할 수도 있습니다. 어려운 사람에게는 돌아올 보상을 생각하고 베푸는 것이 아닙니다. 꼬리표가 붙지 않은 선을 행하면 하나님의 때가 이르면 오랜 후에 거둘 것이라는 권고입니다. 어려운 사람을 찾아 베풀되 되도록 여러 사람에게 베풀라고 말합니다.

저는 1966년 하와이의 동서문화센터(EWC)로 유학을 떠난 일이 있습니다. 동서문화센터는 동양에 있는 학생과 미국에 있는 학생을 그 중간 지점인 하와이로 불러 공부도 하게 할 뿐 아니라 함께 기숙사에 살면서 문화 교류로 서로 상대방의 문화를 이해하게 하는 일을 추진하는 기관입니다. 그때 우리나라 사람들은 아메리칸 드림(American Dream)을 가지고 미국을 가는 사람이 많았습니다. 국민소득(GNI)은 $250도 되지 않은 때였습니다. 저는 다행히 장학금을 받고 갔지만, 미국 땅을 밟아 보는 것이 꿈이었습니다. 공항에 도착했을 때 자원봉사자가 나와 목에 레이(화환)를 걸어주고 기숙사까지 데려다 주며 무엇이든지 어려운 일이 있으면 연락하라고 전화번호도 주고 갔습니다. 나이 많은 부인이 이렇게 친절하게 무료 봉사하는 것이 신기했습니다. 뒤에 보니 행사 때마다 부인들이 대학에 나와 꽃 장식도 하고 행사에 도우미로 일하는 것을 볼 수 있었습니다. 처음엔 돈이 많고 할 일이 없어서 그렇게 여유 있는 생활을 하는 것으로 알았습니다. 그러나 그들도 가정이 있고 직장이 있으며 어떤 분은 몇 사람씩 양자도 거느리고 있었습니다. 저는 일 년 연수를 마치고 미국 본토를 여행할 기회를 가졌는데 그때는 센터에서 제공한 주소를 따라 미국 본토에 있는 자원봉사자들에게 편지를 하고 입주 도움(Home Stay)을 받아 여행했습니다. 가는 곳마다 돕는 손길이 있었습니다. 그런데 저는 관광하는데 정신을 빼앗겨 감사편지도 내지 않고 감사전화는 돈이 들어 더더욱 하지 않았습니다.

40년이 지난 지금 코리안 드림(Korean Dream)을 찾아 한국에 들어오는 노동자와 학생들이 많아졌습니다. 그런데 저는 그들에게 한 번도 숙소를 제공하지 않았고 승용차를 내어 그들을 돕는 일도 하지 않았습니다. 이유는 아파트는 개인 주택과 달라서 외부 사람을 재우기 어렵다는 것이었고, 여름에는 마음대로 옷도 벗지 못해 불편하다는 것이었습니다. 그러면서 40여 년 전에 저를 도와주었던 많은 사람들을 새삼 생각했습니다. 너무 오래 되어서 이름도 기억나지 않고 주소도 알 길이 없습니다. 그들은 나에게 어떤 보답을 바라고 친절을 베푼 것이 아니었습니다. 제가 갔을 때 자기 집을 거쳐 간 여러 나라 사람들의 사진을 보여 주었는데 그들은 물 위에 떡을 던진 사람들이었습니다. 가능한 한 후하게 많은 사람들에게 떡을 던진 사람들이었습니다. 저는 지금 그들에게 돌려 줄 수 없는 빚을 지고 있습니다.

기도

물 위에 떡을 던지듯 보답을 바라지 않고 너그러운 사랑을 베푼 형제·자매들을 이제야 기억합니다. 주께서 그들을 기억하시고 축복해 주시기를 기원합니다. 아멘.

어떻게 믿게 되었는가?

> 사람의 걸음은 여호와께로서 말미암나니
> 사람이 어찌 자기의 길을 알 수 있으랴.
>
> 잠언 20 : 24

제가 스물한 살 대학생일 때였습니다. 불신자로 살아갈 때였는데, 크리스마스 새벽에 꿈속에서 성탄 캐럴을 들었습니다. 눈을 뜨고 나서 그것이 꿈이 아니고 사실이었던 것을 알게 되었습니다. 동급생인 여학생이 자기가 가르치던 학생들을 데리고 문 밖에 와서 '고요한 밤'을 세 번이나 부르고 내가 깨어나지 않은 것을 보고 그냥 돌아간 것이었습니다. 그녀는 안 믿는 나에게 여러 번 전도를 했던 사람입니다. 이 일은 오랫동안 저에게 예수 그리스도에 대해 생각하게 했습니다(욥 33 : 14~16).

27세 때 저는 기독교 학교 교사로 부임하였습니다. 이곳 예수 병원에서 네 자녀를 얻었고 시온교회에서 교사로, 성가대로 봉사하며 공동체 생활을 익혔습니다. 그러나 처음부터 제가 원했던 길은 아니었습니다. 길거리를 헤매던 저를 하나님께서 강권하여 데려다 놓으신 것입니다(눅 14 : 23).

　43세에 학위를 마치려고 미국 유학을 떠나게 되었습니다. 이것은 제가 원한 길이기도 했습니다. 그렇지만 하나님께서 미리 계획한 길이어서 만학의 저에게 장학금을 준비해 두셨습니다. 그러나 학위를 받기까지 7년 동안은 광야와 같은 연단의 기간이었습니다. 이는 주의 자녀로 온전하고 구비하여 조금도 부족함이 없게 하려는 하나님의 뜻이었습니다(약 1 : 3~4).

　49세 12월에 댈러스한인장로교회에서 장로 장립을 받았고 일주일 후에 학위를 마쳤습니다. 그때 목사님께서 마튜 헨리의 성경주석전서 6권을 선물로 주셨습니다. 주석을 통해 성경을 새롭게 조명했을 때 처음으로 말씀의 깊이를 깨닫게 되었습니다. 그때까지 저는 경건의 모양은 갖추었으나 경건의 능력은 없는 기독교인이라는 것을 깨달았습니다. 기도하는 자세로 읽지도 않았으며 목적을 이해하며 읽지도 않았습니다. 말씀 하나하나를 깊이 관찰하며 읽지도 않았으며 그 속에 무한히 깊은 뜻이 있음도 깨닫지 못했습니다(왕하 6 : 17, 시 119 : 18).

　미국대학에서 2년간 조교수로 있으면서 기숙사에서 어빙 젠센의

『A Self-Study Guide(독자적인 성경공부 시리즈)』와 『Ten Basic Steps toward Christian Maturity(10단계 성경공부)』로 성경을 분석적으로, 또 전도의 목적으로 간추려서 다시 정리해서 보기 시작했습니다. 빌립은 에디오피아 여왕의 내시에게 성경을 풀어 깨달음을 주었으나 저는 이 책들을 통해 말씀을 깨닫기 시작했습니다(행 8 : 35~39).

51세에 귀국해서 대학에 복직하였습니다. 그리고 교수들과 성경공부를 시작했습니다. 각자가 성경을 통해 영감으로 받은 내용을 간단히 발표하고 서로 생각을 나누는 것입니다. 처음에는 "내가 무엇을 안 것이 있다고 말씀을 나누겠느냐?"고 어색해 했으나 하나님께서는 모든 사람의 삶에서 성령으로 함께 하시는 것을 알고 은혜를 받았습니다. 그 묵상 내용들을 『삶으로 나타나는 신앙』이라는 제목으로 출판하기도 했습니다. 예수님께서 십자가에 돌아가시며 휘장을 찢으시고 하나님께 나아가는 길을 열어 주셨는데 우리는 언제까지 하나님의 말씀의 초보(율법)에 머물러서 몽학 선생 아래서 젖이나 먹고 단단한 음식을 못 먹는 미숙한 성도가 되어서는 안 된다고 생각합니다(히 5 : 12~14).

지금 저는 70세를 훌쩍 넘었습니다. 이제 누군가 저더러 "당신은 거듭난 기독교인입니까?"라고 묻는다면 "저는 제가 세상 사람이 자로 재서 판단하는 그런 기독교인인지 아니지 잘 모릅니다. 그러나 저는 예수를 모르던 사람이었는데 그분을 만나 변화가 되어서 죄인이지만 예수의 피를 힘입어 성소에 들어갈 담력을 얻고 휘장 가운데로 열어놓으신 새롭고 산 길로 담대히 나아갈 수 있게 되었습니다."라고 대답할 것입니다(히 10 : 19~22).

기도

주님 제가 어떻게 해서 이곳까지 왔는지 모릅니다. 다만 주님께서 밤마다 제 원수 앞에서 저를 지키심으로 편히 누워 자고 일어난 것을 기억합니다. 주님, 감사합니다. 아멘.

✝ 야곱의 사닥다리는 하늘에 닿았는가

믿음이란 무엇인가?

> 믿음은 바라는 것들의 실상이요 보이지 않는 것들의 증거니.
>
> 히브리서 11 : 1

'주여! 이루어주실 줄 믿습니다!' 이렇게 우리는 믿는다는 말을 많이 쓰는데 '믿음'이란 무엇일까요? 우리는 정확히 그 정의를 알고 있습니까?

히브리서 기자는 믿음은 실상(實狀, substance of the things)이라고 말합니다. 그림자나 허상이 아니고 실재 존재하는 실체라는 것입니다. 그러나 지금 내 눈앞에 있는 실체가 아니요 앞으로 있을 실체(바라는 것들의)이며 눈으로 볼 수 없는 실체입니다. 우리가 어디선가에서 본 일이 있는 실체가 아니고 전혀 새로운 실체입니다. 3절에 믿음으로 모든 세계가 하나님의 말씀으로 지어졌다고 덧붙이고 있는 것은 믿음을 더욱 분명히 하는 내용입니다. 하나님께서는 세상을 말씀으로 창조하셨습니다. "빛이 있으라." 하시니 빛이 있었습니다. 말씀은 허공을 떠도는 소리가 아니고 바로 나타날 실상입니다. 우리의 믿음은 하나님의 말씀에 근거한 분명한 실상입니다. 그래서 하나님께 나아가는 자는 그가 살아 있는 것과 또한 그가 자기를 찾는 자들에게 상 주심을 믿는 자들입니다. 즉 하나님께 나아가는 것과 하나님의 약속을 실상으로 보는 믿음은 동시에 일어나는 일입니다. 이것이 또한 하나님을 기쁘시게 해 드리는 일입니다.

존 번연이 쓴 『천로역정』에 보면 크리스천이 희망과 함께 하늘나라로 순례를 떠나며 하는 대화가 있습니다. 희망은 크리스천에게 예수를 만나 대화한 내용을 말합니다. "그러나 주여, 믿는다는 것은 도대체 무엇입니까?" 그러자 주께서 "내게 오는 자는 결코 주리지 않을 것이요, 나를 믿는 자는 영원히 목마르지 않을 것이다."(요 6 : 36)라고 말합니다. 이 말을 듣고 희망은 믿는 것과 오는 것이 하나며 그분께 온 자, 즉 그리스도의 구원을 바라는 마음과 정성을 다해 달려오는 자가 곧 참으로 그리스도를 믿는 자라는 사실을 깨닫게 되었다고 말합니다.

희망에 의하면 믿음이란 주님의 계시를 실상으로 보고 바로 주리지 않고 목마르지 않은 양식을 위해 그에게 나아가는 일입니다. 믿음과 나아가는 것은 일치하기 때문입니다.

✝ 야곱의 사닥다리는 하늘에 닿았는가

믿음은 바라는 것의 실상입니다. 그리고 그 실상을 보고 하나님께 나아가는 것은 하나님을 기쁘시게 하는 믿음의 행위입니다. 아벨은 더 나은 제사의 실상을 보았습니다. 에녹은 하나님을 기쁘시게 하는 믿음의 행위를 하였습니다. 노아는 보이지 않은 하나님의 계시를 믿고 나아갔습니다. 아브라함은 장래 기업으로 받은 땅을 하나님의 말씀으로 분명 그 실상을 보고 나갔습니다. 이삭과 야곱은 하나님의 경영하시고 지으실 터를 바라는 실상을 굳게 믿었습니다. 이 믿음의 선배들이 우리에게 본을 보이고 있습니다.

 여러 해 전 어떤 모험가가 사막을 여행하다가 뜨거운 햇볕 속에 물이 없어 죽게 되었습니다. 정신이 몽롱한 가운데 먼 곳을 바라보니 한 오두막이 보였습니다. 혹 물이 있을까 해서 그곳에 갔습니다. 다행이 녹이 슨 펌프가 있었는데 시동할 물이 없어서 펌프질을 해도 헛수고였습니다. 그런데 한 쪽지에 글이 쓰여 있었는데 오두막 기둥 밑에 물을 숨겨 놓았는데 먼저 그것을 찾아 조금도 마시지 말고 1/4을 부어 펌프에 스며들게 한 뒤 나머지 물을 천천히 부으면서 급하게 펌프질을 하면 물이 쏟아져 나올 것이라는 것이었습니다.

 이제는 믿음이 문제였습니다. 그가 펌프에서 물이 쏟아져 나오는 실상을 보게 되면 그리 할 것이요 그렇지 않으면 자기만 마시고 말았을 것입니다. 다행히 하나님께서 그도 도움을 얻고 다른 사람도 돕도록 흔들리지 않는 실상을 보여 주셨다고 합니다.

기도

눈에는 보이지 않지만 바라는 것의 실상을 믿고 살아온 믿음의 조상들을 바라봅니다. 믿음의 눈을 뜨게 하시고 우리도 하나님이 계시하시는 실상을 보면서 살 수 있기를 원합니다. 아멘.

배교자도 구원받는가?

> 한 번 빛을 받고 하늘의 은사를 맛보고 성령에 참여한 바 되고 하나님의 선한 말씀과 내세의 능력을 맛보고도 타락한 자들은 다시 새롭게 하여 회개하게 할 수 없나니 이는 그들이 하나님의 아들을 다시 십자가에 못 박아 드러내 놓고 욕되게 함이라.
>
> 히브리서 6 : 4~6

누구든지 주의 이름을 부르는 자는 구원을 얻습니다(롬 19 : 13). 그리고 주를 믿는 자는 심판을 받지 않습니다(요 3 : 18). 그런데 한 번 빛을 받고 하늘의 은사를 맛보고, 성령에 참여한 바 되고, 하나님의 선한 말씀과 내세의 능력을 맛보고도 타락한 자들은 다시 새롭게 하여 회개하게 할 수 없습니다(히 6 : 4~6). 이 말은 이미 받은 구원을 잃어버린다는 말일까요? 그런 말이 아닌 것 같습니다. 회개하고 예수를 구주로 믿고 영접하면 구원을 받는데 그런 사람이 예수를 떠나면 배교자가 됩니다. 그런데 배교자가 원점으로 돌아가 다시 회개하고 주의 이름을 부르면 새로운 구원을 받을 수 있습니까? 그럴 수 없다는 말입니다. 일단 받은 구원은 소멸되지 않으며 그것을 새롭게 하기 위해 회개할 수 없다는 이야기입니다. 다만 그에게는 무서운 형벌이 따를 것입니다.

예수를 믿기로 작정하고도 배교한 사람이 많기 때문에 히브리서 저자는 그런 사람들에 대해 강한 경고를 하고 있습니다. 히브리서 10 : 28~29에서는 "모세의 율법을 어긴 사람도 가차없이, 두세 증인의 증언을 근거로 하여 사형을 받았는데, 하나님의 아들을 짓밟고, 자기를 거룩하게 한 언약의 피를 대수롭지 않게 여기고, 은혜의 성령을 모욕한 사람은, 얼마나 더 무서운 벌을 받아야 하겠는가를 생각해 보십시오."(표준 새번역)라고 말하고 있습니다.

우리는 이 글을 대할 때 나는 배교하지 않도록 조심해야 하겠다는 생각을 하면서 배교한 사람은 구원받지 못하는 것이 당연하다고 생각을 합니다. 예수를 믿는다고 하지만 실생활에서는 공갈, 협박 사기 등을 예사로 하여 교회에 역전도를 하는 사람들이 얼마나 많습니까? 또 결혼하기 위해 교회에 나와 세례까지 받고 1~2년 교회를 잘 다녔는데 돌변하여 음주·도박을 일삼고 아내를 구타하는 사람도 있습니다. 군에서 집단 세례를 받고 자기는 세례를 받고 구원을 받았으니 다시 세례를 받을 수 없다고 말하며 자기를 거룩하게 한 언약의 피를 대수롭지 않게 여기는 사람들도 많습니다. 이런 사람은 하늘의 은사를 맛보고 배교한 사람이고 하나님의 나라를 흐려

놓는 사람들인데 그런 사람이 구원을 받는다는 것은 불공평하다는 생각을 하는 것입니다. 구원이 그렇게 값싼 것인가? 그렇다면 아무렇게나 살고 죽기 전에 주의 이름을 부르고 구원받는 것이 좋겠다는 생각까지 하게 됩니다. 주의 이름을 부른다고 다 구원받는 것이 아니고, 그 삶에서 성령의 열매가 없는 사람은 진짜로 구원받은 사람이 아니라고 생각합니다. 그래서 진짜 구원받은 사람과 겉으로 구원받은 것처럼 보이는 사람을 구별하려고 합니다. 그러나 구원은 우리의 행위로 얻은 것이 아니고 주께서 은혜로 주신 것이기 때문에 우리가 어떻게 할 수도 없으며 불평하거나 판단할 수 없습니다.

그들이 정말 구원을 받았는지 안 받았는지 하는 것은 구원을 주신 주께서 판단하실 일이십니다. 성령으로 아니하고는 누구든지 예수를 주시라 할 수 없기 때문에(고전 12 : 3) 주의 이름을 쉽게 불렀다고 말할 수도 없습니다. 알곡과 쭉정이는 마지막 날 주께서 가리실 것입니다.

우리는 자기 신앙이 다른 사람보다 낫다고 자랑하고 싶어합니다. 교회에서 지키라는 의식(儀式)을 다 지키고, 고단하고 힘겹게 교회 생활을 하면서 편하고 쉽게 교회생활을 하는 사람들을 비판하고 싶어집니다. 구원이 행위로 말미암지 않다는 것을 알면서 교회의 살림을 홀로 하는 것처럼 힘들어 합니다. 히브리서에서는 구름 떼와 같은 믿음의 증인들이 둘러싸고 있는데 우리도 우리 짐을 지고 그들 사이를 가로질러 믿음의 주요 온전케 하는 예수를 바라보고 그 앞에 있는 즐거움을 위하여 우리 앞에 당한 경주를 경주하자고 말하고 있습니다(히 12 : 1~2).

배교자가 구원을 받느냐 않느냐를 따지지 말고 예수님만 바라보고 나아갑시다.

기도

배교자는 하나님의 아들을 다시 십자가에 못 박는 자들입니다. 그들이 하나님의 선물인 구원을 소홀히 하는 것이 안타깝습니다. 그들을 긍휼히 여기시고 제가 그들 앞에 바리새인이 되지 않게 해 주십시오. 아멘.

가인의 후예들

> 그러나 이 모든 일에 우리를 사랑하시는 이로 말미암아
> 우리가 넉넉히 이기느니라.
>
> 로마서 8 : 37

    우리는 매주일 예배의 '말씀 선포' 전에 '참회의 기도' 시간을 갖습니다. 지난 한 주 동안 지은 죄를 고백하고 회개하는 시간을 회중이 갖는 것입니다. 그런데 저는 무엇을 잘못했는지 무엇을 회개해야 할지 생각이 나지 않아서 제목 없이 눈만 감고 있을 때가 있습니다. 우리는 죄인으로 태어났는데 왜 회개할 죄목이 하나도 생각나지 않는지. 죄를 모르면 우리를 용서하신 하나님의 사랑을 깨달을 수가 없는데 죄가 무엇인지 모르고 예배당에 앉아 있으니 한심하다는 생각을 하는 것입니다.

    2007년 4월 16일에 미 동부의 버지니아 공대에서는 다시 기억하기도 싫은 사건이 일어났습니다. 한 청년의 무차별 사격으로 무고

한 32명의 생명이 죽은 것입니다. 아담의 둘째 아들 아벨이 큰아들에게 이유도 모르고 맞아 죽은 것과 같은 사건입니다. 성경에는 무고하게 죽은 아벨의 핏소리가 땅에서부터 하나님께 호소한다(창 4 : 10)고 말하고 있습니다. 이유도 모르고 한순간에 자녀를 잃은 부모의 심경이 어떠했겠습니까? 허수아비라도 세우고 칼로 찌르고 싶은 심정이 간절했을 것입니다. 그런데 그들은 사건이 일어난 노리스 홀 잔디 광장에 자살한 살인자까지 합해서 유명을 달리한 33명의 추모석을 다음날부터 마련하고 그곳에 미국 성조기와 꽃다발과 애도의 편지를 써놓기 시작했습니다. 처음에는 썰렁했던 살인자의 돌 앞에도 4일이 4월 20일 "그 동안 얼마나 힘들었니? 이 세상 모든 이들로부터 떨어져 홀로 끔찍한 고통을 겪었을 네게 손 한번 내밀지 않았던 나를 용서해 줘!"라고 쓴 편지와 함께 한 소녀가 꽃을 놓고 갔습니다. 그 소녀의 마음에 그리스도의 사랑이 움튼 것입니다. 그 뒤 몇몇 사람이 돌 앞에 놓인 편지도 읽고 꽃을 놓고 갔습니다. 그러나 학교가 다시 문을 연 23일에는 살인자의 추모석은 사라지고 없었습니다. 다만 돌이 없는 그 자리에

"너는 우리의 가슴을 찢어 놓았지만 우리는 그 어느 때보다도 강하고 그 어느 때보다도 자부심에 가득 차 있다. 내가 버지니아텍의 일원인 것이 지금처럼 자랑스러운 적이 없다. 결국 사랑이 승리할

✝ 야곱의 사닥다리는 하늘에 닿았는가

것이다."라는 편지가 있었다고 합니다.

대학을 새로 연 23일 아침 10시 2,000여 명의 학생과 추모객이 모였을 때 버리홀 타워에서 서른 두 번의 종이 20초 간격으로 울렸는데 종이 울릴 때마다 하나씩 하나씩 32개의 풍선이 올랐고 마지막으로는 오렌지와 적갈색(Hokie를 상징 ; Hokie는 이 대학 운동 팀의 상징인 칠면조)으로 된 풍선 100개로 분노를 사랑으로 승화시키는 풍선 날리기 행사가 있었습니다. 이때 대학 총장은 "지금은 학교의 미래를 위해 치유에 나설 때"라고 말했다 합니다.

백인 우위를 자랑하는 나라, 본토 인디언들을 무참히 죽이고 몰아낸 민족, 세계 경찰을 자청하는 외면상 교만한 나라가 살인자를 미국인이라고 포용할 뿐 아니라 자기 가슴에 화살을 겨냥한 원수를 사랑으로 승리하려는 태도는 하나님의 사랑의 힘이 아니고는 있을 수 없는 일입니다.

조승희의 만행을 이스마엘의 후손들이나 갖는 그런 끔직한 태도라고 생각하기 전에 우리 몸에도 가인의 피가 흐르고 있음을 깨달아야 합니다. 우리도 사랑받지 못하고 소외되면 언제나 그런 일을 저지를 수 있는 어둠의 세력의 지배를 받고 있는 인간들입니다.

나는 죄인입니다. 남을 용서하고 사랑하는 능력이 없는 죄인입니다. 사망의 길에서 건져내시고 생명의 길로 인도하시며 사랑으로 모든 것을 이기게 해 주시는 하나님께 내 죄를 회개하고 용서를 빌어야 하겠습니다.

기도

죽이고 싶은 생각이 마음에 들어왔을 때 누가 이를 막을 수 있습니까? 무고한 생명이 마귀의 장난으로 희생되었을 때 하나님의 사랑으로 그 울분을 이기게 해 달라고 기도할 뿐입니다. 또한 그를 마귀에게 내어준 것은 우리의 무관심입니다. 용서해 주십시오. 아멘.

기쁨으로 여기는 시험

내 형제들아 너희가 여러 가지 시험을 당하거든 온전히 기쁘게 여기라.

야고보서 1 : 2

건강검진을 받다가 위암을 발견했습니다. 기쁘게 여겨야 할까요? 독침 같은 말로 깊은 상처를 입었습니다. 기쁘게 여겨야 할까요? 직장을 잃었습니다. 기쁘게 여겨야 할까요?

야고보 장로는 여러 종류의 시험을 받을 때마다 기쁘게 여기라고 말합니다. 1장 2절의 시험은 특별히 밖에서 오는 시험입니다. 1장 14절처럼 자기 욕심에 끌려 유혹을 받아 자기 때문에 생기는 시험이 아닙니다. 자기와는 아무 상관없이 갑자기 밀어닥친 시험입니다. "주여 왜 나입니까?"라고 외치는데 주는 그 외침에도 "그래 너에게 준 시험이다"라고 응답하십니다. "이 시험은 내가 준 것이 아니다. 나는 아무도 시험하지 않는다(히 1 : 13). 또 나는 너희들이 감당할 수 없는 시험당하는 것을 허락하지 않는다."고 말씀하시며 모든 사람이 평생 당하는 것이 시험이라고 말합니다. 그러나 인간으로서는 너무 힘듭니다. 그래서 야고보 장로는 이어서 지혜를 구하라고 가르칩니다. 피하는 지혜가 아니고 장애물을 뛰어넘을 수 있는 용기와 지혜를 구하라고 말합니다. 한 시험이 지나가면 또 한 시험이 앞에 있는 것을 알게 됩니다. 장애물 경주에서 장애물을 뛰어넘듯 우리는 계속 시험을 극복해야 합니다. 언제까지 그렇게 시험과 싸우며 승리하는 생활을 해야 합니까? 주께서 생명의 면류관을 주실 때까지 인내를 온전히 이루어야 합니다(약 1 : 12). 아마 죽을 때까지 그렇게 해야 할 것입니다.

나름대로 견고한 신앙을 가지고 있다고 믿고 있던 사람이 시험을 만나면 그 신앙이 진짜가 아니었음을 깨닫게 됩니다. 시험은 우리 신앙의 진위를 분별하는 시금석입니다. 우리 신앙의 상태는 요동하는 바다 물결같이 매사가 형통하면 물결의 높은 정점에서 우쭐해서 하나님을 찬양하며 시험을 만나면 바닥을 치는 물결 깊숙한 곳에서 하나님을 의심하고 원망합니다. 하나님은 두 마음을 품는 자들을 미워하는데(시 119 : 113) 우리는 기도할 때에도 두 마음을 오가며 기도해서 한결같은 믿음으로 구하지 못하니 지혜를 얻지도 못합니다.

우리의 믿음이 시험을 통하여 분명해지고 단단해진다는 것을 확실히 믿는다면 우리는 시험을 반가운 손님처럼 환영해야 합니다. 이상한 괴물이 오고 있다고 두려워하지 말고 환영하고 내 신앙의 간증이 되게 해야 합니다. 우리를 향한 하나님의 생각은 재앙이 아니라 곧 평안입니다(렘 29 : 11). 우리에게 오는 불 시험을 이상한 일 당하는 것 같이 이상히 여기지 말고 그리스도의 고난에 참여한다고 생각해야 합니다(벧전 4 : 12).

다니엘의 신앙은 그가 사자 굴에 던져진 다음 더욱 빛을 내게 되었습니다. 이 시험은 자기 욕심으로 유혹에 빠져 생긴 것이 아니었습니다. 자기와 아무 상관없이 밖에서 온 시험이었습니다. 그러나 그는 이 시험을 거부하거나 피하지 않고 죽으면 죽으리라, 죽지 않으면 오히려 하나님의 영광을 드러내리라는 생각을 가지고 기쁘게 받아드렸습니다.

그러나 "여러 가지 시험을 당하거든 온전히 기쁘게 여기라"라는 말을 실천하기는 너무 어렵습니다. "주여, 주의 손이 나를 인도하시며 주의 오른손이 나를 붙드시는 것을 믿습니다. 그런데 저는 위암으로 죽게 생겼습니다.", "형제가 내게 죄를 범하면 일흔 번씩 일곱 번이라도 용서하라는 말씀은 주의 명령입니다. 그런데 저는 한 번도 용서하지 못하겠습니다.", "주께서 우리의 모든 쓸 것을 채워 주실 것을 믿습니다. 그러나 저는 감원으로 굶어 죽겠습니다."

이렇게 우리가 고백하는 신앙과 내가 행하는 행위는 다릅니다. 이 모순을 극복하고 믿음을 실천할 수 있도록 노력합시다.

기도

우리가 감당할 시험밖에는 주지 않으심을 감사합니다. 주께서 고난을 당하셨은즉 시험받는 자들을 능히 도우실 줄 믿사오니 주께서 나를 단련하신 후에는 정금같이 나오게 하실 줄을 믿습니다. 아멘.

✝ 야곱의 사닥다리는 하늘에 닿았는가

돈 없는 부자

> 만일 너희 회당에 금가락지를 끼고 아름다운 옷을 입은 사람이 들어오고 또 더러운 옷을 입은 가난한 사람이 들어올 때에 너희가 아름다운 옷을 입은 자를 돌아보아 가로되 여기 좋은 자리에 앉으소서 하고 또 가난한 자에게 이르되 너는 거기 섰든지 내 발등상 아래에 앉으라 하면 너희끼리 서로 구별하며 악한 생각으로 판단하는 자가 되는 것이 아니냐.
>
> 야고보서 2 : 2~4

우리가 교회에서 안내를 맡았을 때 아름다운 옷을 입은 부자와 더러운 옷을 입은 가난한 사람이 새로 교회에 오게 되면 누구를 더 환영하는 마음이 생깁니까? 부자입니까? 가난한 사람입니까? 아름다운 옷을 입은 사람입니까? 더러운 옷을 입은 사람입니까?

아름다운 옷을 입은 사람은 부자일 수 있고, 높은 지위에 있는 사람일 수 있고, 특별히 하나님의 축복을 받은 사람일 수도 있습니다. 그런 사람이 교회에 많이 들어오면 여간 반갑지 않습니다. 교회에 재정적인 도움을 줄 수도 있고 또 자기 사업에 좋은 조언을 줄지도 모릅니다. 그러나 이렇게 교회를 찾아온 형제나 자매를 편애하여 맞이한다면 이는 그리스도를 닮은 삶을 살겠다는 구원받은 기독교인이 할 행동이 아닙니다. 이렇게 외모로 사람을 취하는 것은 죄를 짓는 일입니다(약 2 : 9). 사람의 귀하고 천함을, 또는 의롭고 의롭지 않음을 빈부의 기준으로 판단한다면 이것은 하나님의 판단이 아니고 인간의 '악한 생각'으로 판단하는 것이 되기 때문입니다(약 2 : 4). 누가 부자입니까? 다른 사람보다 더 특권을 가진 사람이 부자입니다. 유명한 영화배우나 유명한 가수는 그들의 기득권 때문에 부자입니다. 그들은 우리 젊은이들의 꿈입니다. 모두 그렇게 되고 싶어 합니다. 그래서 그들 사이에 끼어서 우쭐해지고 싶습니다. 그러나 더러운 옷을 입은 가난한 사람이 들어오면 어쩐지 부담스럽고, 무슨 어려운 청을 들어 주어야 할 것 같아 그들 사이에 끼어 있고 싶지 않습니다.

우리의 생각을 바꾸어야 합니다. 야고보는 "하나님이 세상에 대하여 가난한 자를 택하사 믿음에 부요하게"(약 2 : 5) 하신다고 말하고 있습니다. 우리가 믿음의 눈을 크게 뜨고 보면 돈이 없어도 부자가 될 사람이 많이 있습니다. 이들은 값없이 영적인 양식을 베풀어 줄 잠재적 부자들입니다. 어떤 면에서 내 주변에 있는 모든 사람들은 나보다 부자입니다. 금가락지를 끼고 아름다운 옷을 입고 나오는 사람은 눈에 보이는 부자이고 하나님께서 보시는 부자는 교회를 찾아온 가난한 사람들입니다. 그래서 우리는 "이웃 사랑하기를 네 몸과 같이 하라"는 최고의 법을 지키려 할 때 눈에 보이는 부자만 사랑할 것이 아니라 지금은 가난하게 보이지만 하나님께서 믿음에 부하게 하시고 하늘나라를 유업을 받게 할 잠재적인 부자도 함께 사랑해야 합니다.

기도

가난한 사람이 믿음에 부요하게 하신 것을 감사합니다. 외모를 보시지 않은 하나님의 눈으로 이웃을 보고 하나님의 사랑으로 사랑하게 해 주십시오. 아멘.

귀신들도 믿습니다

영혼 없는 몸이 죽은 것 같이 행함이 없는 믿음은 죽은 것이니라.

야고보서 2 : 26

야고보는 "사람이 믿음이 있노라 하고 행함이 없으면 무슨 유익이 있으리요."라고 말하며 행함을 강조했습니다. 심지어 "사람이 행함으로 의롭다 하심을 받고 믿음으로만(faith alone) 아니니라."(약 2 : 24)고 말하여 바울의 "행위에 의하지 않고 오직 믿음으로 의롭게 된다."는 말과 충돌하는 느낌을 갖게 합니다. 그러나 야고보는 "믿음이 있노라"하고 입으로만 말하고 이에 걸맞은 행위가 없는 사람을 강하게 책망하고 있습니다. 예수님도 서기관들과 바리새인을 책망하며 말하되 그들은 말만 하고 행하지 아니하며 또 무거운 짐을 묶어 사람의 어깨에 지우되 자기는 이것을 한 손가락으로도 움직이려 하지 않는다(마 23 : 3~4)는 말로 실천을 강조했습니다. 또 포도원 주

✝ 야곱의 사닥다리는 하늘에 닿았는가

인의 두 아들에 대한 비유도 말했습니다. 포도원에 가서 일하라고 말했을 때 큰 아들은 "예" 하고 가지 않고 둘째는 "아니요" 하고 갔는데 둘 중 아비의 뜻을 행한 자는 누구냐고 물었습니다. 그리고 입으로만 "예" 하는 사람(메시아 왕국을 잘 알지만 메시아를 거부하는 대제사장들과 장로들)보다 아버지의 뜻을 행하는 세리와 창기(메시아 왕국을 몰랐으나 예수님을 영접하고 말씀을 순종한 이방인)를 칭찬했습니다(마 21 : 31). 참으로 믿음이 있다고 입으로만 말하는 사람보다 믿는 바를 실천하는 것이 중요합니다.

귀신도 입으로는 하나님을 믿고 떤다고 말했습니다(약 2 : 19). 다만 그 믿음이 진실하지 않은 것은 귀신은 결코 주님의 뜻에 순종하는 행위를 하지 않고 오히려 하나님과 원수가 되게 하고 죄를 짓게 한다는 것입니다. 우리의 믿는 것은 우리가 십자가와 함께 죽고 내 안에 그리스도께서 사신 것을 믿는 것입니다. 다음과 같은 사람이 있습니다.

- 주님을 닮기 원한다고 고백하면서 성경은 안 읽습니다.
- 성령의 역사를 믿는다고 고백하면서 기도는 안 합니다.
- 오늘은 주의 날이라고 찬양하면서 교회는 안 나갑니다.
- 섬기시는 예수라고 말하면서 결코 봉사하지 않습니다.

- 베푸는 삶을 주장하면서 결코 베풀지 않습니다.
- 용서하라고 말하며 자기는 그 사람만 보면 피가 거꾸로 솟는다고 미워합니다.

이런 믿음은 온전한 믿음이 아니며 그 자체가 죽은 것이 아닐까요? 야고보는 의롭게 되는 것은 행위가 아니고 믿음으로 되는 것을 알고 있었으며 예루살렘 공의회 때도 이를 인정하여 바울의 손을 들어 주었습니다(행 15장). 다만 여기서는 믿음이 있으면 이에 따른 응답인 행위를 떼어서 생각할 수 없다는 이야기입니다. 복음의 씨앗이 떨어졌는데, 싹이 나지 않고, 자라지 않고, 열매를 맺지 않으면 그 영혼은 죽은 것이며 죽은 영혼을 소유하고 있는 몸 안에는 심장의 박동이 없는 죽은 믿음이 있을 뿐이라는 뜻입니다.

기도

순종이 없는, 열매가 없는 귀신의 믿음을 갖지 않게 해 주십시오. 아멘.

† 야곱의 사닥다리는 하늘에 닿았는가

웃게 하시고 웃으시는 하나님

> 사라가 가로되 하나님이 나로 웃게 하시니 듣는 자가 다 나와 함께 웃으리로다 또 가로되 사라가 자식들을 젖 먹이겠다고 누가 아브라함에게 말하였으리요마는 아브라함 노경에 내가 아들을 낳았도다 하니라.
>
> 창세기 21 : 6~7

사라는 90세에 첫아들 이삭(웃음)을 낳고 자기의 기쁜 소식을 듣는 자가 다 웃게 될 것이라고 말했습니다. "아브라함의 노경에 내가 아들을 낳았다!" 이것은 기쁨에 찬 함성입니다. 사라가 89세 때 하나님의 사자를 영접한 일이 있었습니다. 그때 천사가 사라에게 이듬해 이맘때 아들이 있을 것이라고 말했는데 그때 그녀는 속으로 웃었습니다. 왜 웃느냐고 말하자 웃지 않았다고 거짓말을 했습니다 (창 18장). 그런데 1년 뒤 믿을 수 없는 일이 일어난 것입니다. 약속을 지키시는 신실하신 하나님께서는 거짓말까지 한 사라에게 웃음(충만한 기쁨)을 주셨습니다. 90세에 겪는 초산의 고통을 다 잊게 할 만한 기쁨이었습니다. 지금 우리에게도 하나님께서는 늘 많은 것으로 웃게 하십니다.

　나오미는 유대 베들레헴의 흉년을 피해 이방 땅 모압 지방에 가서 살았습니다. 거기서 그 남편은 죽고 두 아들은 모압 여인과 결혼해서 살았는데 자식도 없이 10년쯤 산 뒤 다 죽었습니다. 나오미는 며느리들에게 모압의 고향 땅으로 돌아가기를 권했지만 둘째 며느리 룻은 시어머니를 따라 다시 베들레헴으로 귀향하게 되었습니다. 베들레헴에서 옛 친구들이 "이이가 나오미(나의 기쁨, 즐거운 자)냐"(룻 2 : 19) 했을 때 나오미는 자기를 마라(괴로움)라고 부르라고 말했습니다. 그녀는 희망을 가지고 떠났다가 슬픔으로 돌아온 것입니다. 그러나 하나님은 그들에게 웃음을 주기 위해 그 땅에 부유한 농부 보아스를 예비해 두셨습니다. 드디어 룻과 보아스는 결혼을 하고 아들 오벳(종, 예배자)을 얻게 되었습니다. 나오미의 슬픔은 변하여 기쁨이 되었습니다. 다윗의 할아버지를 얻게 된 것입니다. 나오미가 그 품에 아들을 품을 줄을 어떻게 알았겠습니까? 베들레헴 여인들이 이 아이의 이름이 이스라엘 중에서 유명하게 되기를 원한다고 말하며 찬양했습니다. 하나님께서 나오미를 웃게 하셨습니다.

　이제 하나님은 우리를 보고 웃으십니다. 우리는 예수님을 알고 구원받고 거듭났습니다. 전에는 어두움 가운데 있었으나 이제는 주 안에서 빛의 자녀가 되었습니다. 이렇게 거듭난 우리를 보고 하나님께서는 웃으십니다. "너의 하나님 여호와가 너의 가운데 계시니 그는 구원을 베푸실 전능자시라 그가 너로 인하여 기쁨을 이기지 못하여 하시며 너를 잠잠히 사랑하시며 너로 인하여 즐거이 부르며 기뻐하시리라 하리라."(습 3 : 17)

세상에는 슬픈 일이 많지만 하나님께서는 웃게 하십니다. 잡초가 우거진 땅에는 기경만 하면 좋은 농산물들을 잡초처럼 힘차게 자라게 할 수 있습니다. 하나님을 등지고 걸어가는 사람도 주의 음성을 들으면 하나님을 향해 걸어올 수 있습니다.

기도

사라를 웃게 하신 하나님, 나오미를 웃게 하신 하나님, 우리의 삶이 슬픔이 변하여 기쁨이 되게 해 주십시오. 주의 얼굴을 우리를 향해 비추어 주사 은혜를 베풀어 주십시오. 아멘.

우리는 다 선생입니다

> 내 형제들아 너희는 선생된 우리가 더 큰 심판을 받을 줄 알고
> 선생이 많이 되지 말라.
>
> 야고보서 3:1

　저는 주일학교 교사와 성경공부 인도자를 수십 년 동안 꾸준히 해온 사람입니다. 그런데 저는 야고보서 3:1을 읽고 깜짝 놀랐습니다. 선생은 다른 사람보다 더 큰 심판을 받는다는 것입니다. 왜 선생이 더 큰 심판을 받아야 하는 것일까요? 아마 선생의 특수 신분 때문일 것입니다. 또 그 영향력 때문일 것입니다. 선생 때문에 인생의 목표가 바뀌고 가치관이 바뀌어 새 삶을 살게 되었다는 간증을 흔히 듣습니다. 그런데 야고보는 왜 선생이 많이 되지 말라고 자제시키는 말을 했을까요?

　야고보는 자기의 지식을 전함으로 존경을 받고 생계를 유지하는 것만 원했을 뿐 하나님의 사역자로서는 전혀 책임감을 느끼지 않았

던 그런 선생을 경고했던 것 같습니다. 그는 행위로 참 선생의 모습을 보이라고 말합니다. 제자는 선생의 인격을 닮으며 의의 열매를 맺는 자들입니다. 제자를 변화시켜 하나님께 인도하지 못하는 선생은 참선생이 될 수 없다는 말입니다. 풀어 말하면 참선생은 그 제자의 열매를 보고 알 수 있다는 것입니다.

그런데 요즘은 어떻습니까? 많은 사람이 선생을 자원하기는커녕 교회학교는 늘 선생이 부족합니다. 더 큰 심판을 받을까봐 놀라서 그러는 것일까요? 그러나 우리는 교회학교 선생을 지원하든 안 하든 심판을 면할 길이 없습니다. 우리는 이미 선생이 되어 있기 때문입니다. 가정에서 부모로, 형으로 자녀와 동생들에게 우리는 선생입니다. 또 우리는 이미 안 믿는 사람들에게 세상에서 선생입니다. 광풍이 몰아치는 이 세태에서 우리가 어떻게 하나님을 바라보고 살고 있는지 그들은 우리에게서 배우고자 하고 있기 때문입니다. 따라서 우리는 믿지 않은 사람들에게 우리의 빛을 비춰줌으로 그들이 우리의 삶을 보고 변화를 받아 하나님께 영광을 돌리게 할 책임이 우리에게 있습니다. 또한 우리는 소란한 곳에서 평화를 가르치는 선생이며 미워하는 곳에 용서를 가르치는 선생입니다.

야고보는 우리가 좋은 선생이 되려면 먼저 혀를 길들여야 한다고 말합니다. 그러면서 그는 혀는 능히 길들이는 사람이 없다고 상반

되는 말을 하고 있습니다. 이유는 혀 뒤에 우리의 악한 마음이 있기 때문입니다. 그래서 혀는 불이요 이 불은 지옥 불에서 난다고 말하고 있습니다. 이 지옥 불까지 끌 수 있는 인간이 있습니까? 오직 절망이 있을 뿐입니다. 우리에게 소망이 있다면 주님뿐입니다. 우리가 자신을 십자가에 못 박고 주 안에서 거듭나는 방법밖에는 없습니다(요 3 : 3). 우리는 이미 선생이 되어 있기 때문에 온전한 선생이 되도록 주님의 자비를 구하는 방법밖에 없습니다.

기도

존경받는 선생의 위치에서 하나님의 말씀을 잘못 전하는 죄를 범치 않게 도와주십시오. 그리고 나는 이미 누구에겐가 선생이 되어 있음을 항상 기억하게 해 주십시오. 아멘.

✝ 야곱의 사닥다리는 하늘에 닿았는가

선생을 너무 의지하지 말라

> 그의 아들을 이방에 전하기 위하여 그를 내 속에 나타내시기를 기뻐하셨을 때에 내가 곧 혈육과 의논하지 아니하고 또 나보다 먼저 사도된 자들을 만나려고 예루살렘으로 가지 아니하고 아라비아로 갔다가 다시 다메섹으로 돌아갔노라.
>
> 갈라디아서 1 : 16～17

믿음이 좋은 분이 사고로 눈을 다쳐 두 눈을 뽑을 수밖에 없게 되었습니다. 아들은 하나님을 원망했습니다. 아버지 같은 신실한 분에게 그런 일이 일어나도록 보고 계신 하나님이 원망스러웠기 때문입니다. 그러나 아버지는 절망하지 않고 의연하게 수술을 받았습니다. 그런데 놀라운 것은 시력을 잃은 뒤 놀랍게도 아버지의 신앙이 더욱 돈독해진 것입니다.

우리의 직면하는 현실을 크게 셋으로 나누는 사람이 있습니다.

① 영적인 현실 : 미, 추, 선, 악, 하나님, 사탄 등 궁극적인 가치를 통해 인식되는 현실

② 감정적, 개인적 현실 : 기쁨, 슬픔, 사랑, 자랑, 고통 등으로 인식되는 현실
③ 물질적, 과학적 현실 : 여러 번 반복적인 실험을 통해서 인식되는 현실

위 세 가지 중 가장 하위의 가치는 ③번이며 위로 올라 갈수록 상위의 가치라는 것입니다.
그의 아버지의 가치추구는 최하위에서 최상위로 올라갔기 때문에 신앙이 더욱 돈독해진 것입니다.
바울은 그가 다메섹 도상에서 살아계신 예수의 계시를 받고 그를 이방에 전하기를 원하는 뜻을 깨달았을 때 바로 예수를 따라다니던 제자들을 만나 배우려고 예루살렘으로 가지 않고 아라비아로 가서 홀로 3년을 지낸 뒤 돌아왔습니다. 바울의 신학은 그때 정립된 것이라고 말하는 사람이 있습니다. 우리는 성경공부를 많이 합니다. 그러나 선생을 너무 의지하지 마십시오. 선생이 말씀을 묵상하고 하나님을 만나서 개인적으로 깨달은 것을 전하는 것을 듣고 그것이 성경공부라고 생각한다면 우리는 평생 자생력을 잃어버리고 스스로 하나님을 만나는 기회를 잃게 됩니다. 평생 젖을 먹고 밥을 못 먹은 미숙한 어린애가 된다는 말입니다. 선생이 말씀을 통해 하나님

을 어떻게 만났는지 그 경험을 내 것으로 만들어서 나도 말씀을 묵상하는 훈련을 해야 합니다. 말씀만 너무 많이 듣고 있으면 무능해져서 혼자서는 영의 양식을 떠먹을 힘도 능력도 없게 됩니다. 영적인 현실에 살려다가 오히려 쉽고 편하고 눈에 보이는 물질적 현실로 추락하게 됩니다.

기도

말씀을 찾아 헤맬 때 사람의 손을 잡지 않게 하시고 주님의 손을 잡게 해 주십시오. 스스로 주를 알아가는 자생력을 갖고 싶습니다. 아멘.

왜 신앙이 성장하지 않는가?

> 너희가 달음질을 잘 하더니
> 누가 너희를 막아 진리를 순종하지 못하게 하더냐.
>
> 갈라디아서 5 : 7

저는 십여 년 동안 한 집에서 살고 있어서 손자들이 와서 키를 재고 간 자국이 벽에 남아 있습니다. 그들은 키가 자랐으면 좋아하고 그렇지 않으면 속상해 합니다. 우리들의 신앙을 하나님께서 재고 계신다면 우리는 어떨까요? 많이 자랐다고 기뻐할까요? 아니면 안 자라서 속상해 해야 할까요? 우리는 신앙이 남들만치 자라지 않아 속상할 때가 많습니다. 처음 믿기 시작할 때는 남들에게 네 믿음을 닮고 싶다는 말을 들은 적도 있었는데 지금은 스스로 생각해도 믿음이 있는지 없는지 의심할 정도가 되었습니다.

갈라디아 사람들은 처음 바울이 신앙을 심어 주었을 때 잘 달려갔습니다. 그러나 그들의 신앙은 성장을 멈추었습니다. 신앙이 성장

✝ 야곱의 사닥다리는 하늘에 닿았는가

하지 않는 이유를 네 가지쯤 들어 말할 수 있는데 내적 이유로는, 말씀의 씨가 이미 죽어서 생명이 없거나, 내 마음이 길 가나 바위처럼 굳어져서 자라지 않거나, 성장할 말씀을 계속 먹지 못하는 경우이고, 외적인 이유로는, 바울이 말한 것처럼 무엇인가에 막혀서 신앙이 자라지 못하는 경우입니다. 말하자면 잡초 때문에 말씀이 자라지 못하는 것입니다. 바울은 이 네 번째 경우를 들어 말하면서 이런 잡초 노릇을 하는(그들을 어지럽히는) 자들을 거세해 버려야 한다고 강하게 말하고 있습니다.

　우리의 신앙은 어떻습니까? 진화론이 들어오면 하나님의 창조를 의심하게 됩니다. 부활이 없어도 믿는데 별 지장이 없다는 말을 들으면 우리는 흔들리고 드디어는 최후의 의로운 심판을 못 믿게 됩니다. 이 세상의 왕을 섬기고 살며 아무 부담을 안 느끼게 됩니다. 세상에는 거짓 교사들이 많이 있습니다. 이미 구원받은 우리에게 예수님께서 십자가에 달리신 것이 부족해서 무엇인가를 더 해야 구원을 얻을 수 있다고, 잘 믿는 사람들도 끊임없이 행위를 요구합니다. 우리는 바울의 꾸중을 듣지 않도록 하나님의 선하시고 기뻐하시고 온전한 뜻을 분별하도록 해야 하겠습니다.

기도

주님이시여, 왜 잘 달리다가 멈추어섭니까? 성령으로 시작하여 육체로 마치지 않게 해 주십시오. 믿음으로 구하고 의심하지 않게 해 주십시오. 아멘.

† 야곱의 사닥다리는 하늘에 닿았는가

이 세상은 악합니까?

> 하나님의 지으신 모든 것이 선하매 감사함으로 받으면 버릴 것이 없나니
> 하나님의 말씀과 기도로 거룩하여짐이니라.
>
> 디모데전서 4 : 4~5

우리의 신앙이 자라지 못하는 것은, 말씀은 하나님께서 은혜로 우리에게 뿌려주시는 것이지만 우리의 마음 밭이 길 가, 돌밭, 또는 가시떨기 같기 때문입니다. 이런 땅을 좋은 땅으로 만들기 위해서는 밭을 갈아야 합니다. 이것이 하나님의 은혜에 들어가기 위해 인간 편에서 해야 할 일입니다. 어떻게 기경을 합니까? 인간은 경작용 트랙터 등을 이용해서 땅을 깊이 파고 화학 비료를 주어서 수확을 늘리고 있습니다. 하나님께서는 그렇게 하지 않으셨습니다. 하나님께서는 우리가 땅을 팔 때마다 나타나는 지렁이들을 이용하여 땅을 기경하셨습니다. 지렁이가 말없이, 끊임없이 땅을 일구어서 땅을 부드럽게 하고 공기를 통하게 만들어서 '지렁이 없이는 좋은 채소가

없도록' 계획하신 것입니다. 우리의 영적인 밭도 하나님의 방법으로 기경이 되어야 한다고 생각합니다. 단번에 기경하고 변화되기를 바라는 마음에 무리하게 인위적인 행위를 하는 경우가 있습니다. 모든 유혹은 육체로부터 온다고 생각하고 자신의 육체를 학대합니다. 세속적인 것을 모두 배격합니다. TV를 안 보고, 신문을 안 보고, 영화를 안 보고, 스스로 신앙에 도움이 안 된다고 생각하는 문학작품을 거부합니다. 오직 성경만 읽고 음식도 제한합니다. 미꾸라지와 장어를 먹지 않으며 돼지고기도 먹지 않습니다. 그러다가 다시 율법의 노예로 타락하기가 쉽습니다. 하나님의 사랑으로부터 멀어지는 일입니다.

장자오노가 쓴 『나무를 심은 사람』에 보면 주인공 에이자 부피에는 황무지인 프로방스 지방의 알프스 남쪽 기슭에 친구도 없어 말까지 잃은 채 22년 동안 도토리를 묵묵히 꾸준히 심어 큰 산림을 만들었습니다.

이렇게 우리도 말없이 꾸준히 경건의 훈련을 하여 크고 성숙한 신앙인이 되어야 하겠습니다. 또한 말씀을 안 믿는 사람에게 말없이 말씀을 소개하고 심어서 지렁이 같은 노력으로 그들을 변화시켜야 하겠습니다. 내가 가진 비전이 아니고 하나님께서 주신 비전으로, 내가 원하는 것이 아니라 하나님이 원하는 일을 순리를 따라

할 수 있게 되었으면 합니다. 바울은 디모데에게 거짓 교사의 말을 따르지 말라고 말하면서 세상에 있는 것과 육체가 모두 악한 것이 아니며 하나님의 지으신 것은 하나님의 말씀과 기도를 통해 거룩해진다고 말하고 있습니다. 이를 적용하면 『다빈치 코드』를 읽을 때도 말씀 묵상과 기도로 여과하면 『허구의 이야기』는 『진리와 진실』에 영향을 미칠 수 없다는 것을 스스로 깨닫게 된다는 것입니다.

기도

탁해진 세상 속에서 말씀 묵상과 기도로 나를 정화하고 나아가 세상을 정화하는 역할을 말없이 감당할 수 있도록 해 주십시오. 아멘.

주님 생각이 안 나는 날이 많습니다

이스라엘 자손에게 명하여 그들의 대대로 그 옷단 귀에 술을 만들고 청색 끈을 그 귀의 술에 더하라.

민수기 15 : 38

위 글은 모세가 이스라엘 백성에게 하나님을 기억하게 하기 위해 들려준 말입니다. 늘 입고 다니는 옷단 귀의 청색 끈을 볼 때마다 여호와의 계명이 기억나서 말씀대로 살게 하기 위해서였습니다. 지금 우리에게도 순간마다 예수님을 기억나게 하는 청색 리본 같은 것이 있습니까? 예수님을 어떻게 기억하고 살고 있습니까? 하루 종일 잊어버리고 살고 있는 것은 아닙니까? 아닙니다. 아침 일찍 성경을 묵상하고 기도하면서 예수님을 기억합니다. 그러나 정신없이 세상살이를 할 때는 잊어버리는 것이 아닙니까? 아, 식사 기도를 할 때 생각납니다. 아닙니다. 하나님께 기도는 드렸지만 주님과 함께 있다는 생각은 못하고 삽니다.

왜 주님을 그렇게 기억해야 합니까?

그는 태어나면서부터 영적으로 죽은 우리에게 생명을 주신 분이기 때문입니다. 먼저 우리를 사랑하심으로 우리가 사랑할 수 없는 다른 사람까지 사랑할 수 있게 하셨기 때문입니다. 부활의 소망을 주심으로 우리가 이웃 사람과 관계가 깨졌을 때 오래 참고 기다리는 능력을 주시기 때문입니다.

산 속 한적한 곳에 천체 망원경을 가지고 있는 천문학도가 도시에서 바쁘게 사는 친구를 하룻밤 초청했습니다. 초청에 응한 그는 그날 밤 망원경으로 밤하늘의 별들을 보고 깜짝 놀랐습니다. 하늘에 반짝이는 그렇게 아름다운 별들이 그곳에 숨어 있는 것을 아주 옛날, 어린 시절을 빼고는 처음 보았기 때문입니다. 도시에서는 휘황찬란한 네온사인과 전등에 싸여 하나님께서 창조하신 세상을 잊고 산 것입니다. 아니, 하나님을 잊고 산 것입니다.

늘 주님과 동행하면서 그가 그의 사자를 우리 앞에 보내어 우리의 모든 길에 우리를 지키시는 것을 체험하며 사는 주의 자녀 되기를 바랍니다.

기도

신앙이 느슨해지지 않기를 바랍니다. 매일 간절한 기도와 기도의 응답을 기다리는 긴장이 있기를 빕니다. 아멘.

외치는 기도와 묵상기도

> 그의 발은 풀무불에 단련한 빛난 주석 같고 그의 음성은 많은 물소리
> (his voice was like the sound of rushing waters)와 같으며.
>
> 요한계시록 1 : 15

요한계시록을 읽으면서 우리는 복음서에 기록된 예수님과 또 다른 예수님의 모습을 보게 됩니다. 사도 요한은 말년에 유배된 밧모 섬에서 예수 그리스도의 환상을 보게 되었습니다. 그런데 그가 본 환상은 생전에 본 인자한 예수님의 모습이 아니었습니다. 최후의 만찬 때 품에 기대었던 예수, 마리아를 어머니로 모시라고 십자가에서 부탁하던 예수, 주의 영광 중에 자기를 우편에 앉혀달라고 해도 꾸중하지 않으신 예수……

그러나 요한계시록에서 보는 예수는 전혀 그런 모습이 아니었습니다. 주께서는 임박한 재림을 애타게 기다리며 고난을 견디고 있는 성도들에겐 자신의 모습을 이렇게 위엄 있는 모습으로 계시하셨

† 야곱의 사닥다리는 하늘에 닿았는가

습니다. 발에 끌리는 옷을 입고, 가슴에 금띠를 띠고, 머리와 털의 희기가 흰 양털 같고 눈 같으며, 눈은 불꽃 같고, 발은 풀무 불에 단련한 빛난 주석 같고, 그의 음성은 많은 물소리와 같으며, 그의 입에서는 좌우에 날선 검이 나오고, 그 얼굴은 해가 힘 있게 비치는 것 같은 예수님 말입니다. 이 예수님은 사랑보다는 엄격한 심판주로 오신 위엄을 갖춘 분입니다. 양들을 핍박하고 괴롭힌 마귀와 그 동맹자들을 멸망시키고 최후의 승리와 하나님의 통치를 회복하기 위해 서신 심판 주를 계시한 것입니다.

덴마크의 코펜하겐에는 토르발트센(Thorwaldsen)의 훌륭한 조각품이 많이 있는데 그 중에는 사도 요한을 조각한 작품도 있다고 합니다. 조각된 요한의 얼굴은 하늘나라의 평온이 가득 찬 모습으로 하늘을 우러러 보고 있으며 앉아 있는 그의 무릎 위에는 서판이 놓여 있는데 오른손은 붓을 잡고 그 붓이 서판에 닿지 않은 자세로 조각이 되었다 합니다. 이것은 위로부터 부어지기 전에는 감히 한 마디도 쓰려고 하지 않은 그런 모습을 표현한 것이랍니다. 이렇게 본대로, 들은 대로만 기록한 요한의 모습을 조각한 것입니다.

지금 우리는 어떤 예수님을 보고 있습니까? 한없이 너그럽고 용서하고 사랑하시는 예수님입니까? 무섭고 엄하고 심판하시는 주님을 보십니까? 주여(!) 삼창을 하고, 음악의 볼륨을 최고로 올리고 통성으로 소리 높이 기도를 드리는 것을 보면 나쁜 사람을 벌하고 심판하시는 예수님이 빨리 재림하기를 원하는 것 같습니다. 그렇지 않으면 이 불의하고 악한 세상을 참고 견디기 어렵기 때문입니다. 그러나 주님께서 어떤 모습으로 계시하시든 요한처럼 이 시대에 들려주시는 강한 메시지를 들으려는 자세가 필요하다고 생각합니다.

"제가 예비하고 있습니다. 말씀을 하시옵소서." 하고 붓을 들고 있는 요한을 닮아야 할 것 같습니다.

기도

기도할 때마다 나와 함께 고난을 받으시고 함께 기도하시는 예수님을 느끼게 해 주십시오. 아멘.

✝ 야곱의 사닥다리는 하늘에 닿았는가

야곱의 사닥다리는 하늘에 닿았는가?

> 꿈에 본즉 사닥다리가 땅 위에 서 있는데 그 꼭대기가 하늘에 닿았고 또 본즉 하나님의 사자들이 그 위에서 오르락내리락 하고.
>
> 창세기 28 : 12

야곱은 두 가지 잘못을 저질렀습니다. 태어날 때부터 쌍둥이 형의 발꿈치를 잡고 나온 그는 장성하자 형의 장자의 명분을 빼앗았습니다. 그리고 아버지를 속여 장자의 축복을 가로챘습니다. 그러나 아버지의 말에 순종하여 외삼촌 집에서 아내를 얻기 위해, 또 형을 피해 두려움 가운데 길을 떠났습니다. 예루살렘 남쪽 브엘세바에서 하란을 향해 떠나다가 해가 지자 루스더(후에 벧엘)라는 황량한 벌판에서 돌베개를 베고 자게 되었습니다. 그곳에서 그는 꿈에 땅 위에서 하늘에 닿은 사닥다리를 보게 되었습니다. 한 쪽 끝은 죄악된 세상이요 다른 끝은 거룩한 하나님의 나라를 잇는 그런 사닥다리가 있을 수 있을까요? 구약시대에 꿈은 하나님의 뜻을 계시하는 수단으로 해석하였는데 하나님의 계시가 상징적인 물건을 통해 나타난 것입니다. 야곱도 이런 꿈은 예상하지 못했던 것 같습니다. 12절과 13절에 걸쳐 '본즉'이라는 말이 세 번이나 나옵니다. '본즉' 사닥다리가 있었고, '본즉' 사자들이 오르락내리락 했고, '본즉' 여호와께서 그 위에 서 계셨습니다. 놀라운 일이었습니다. 요한복음 1 : 51에 사닥다리는 예수님 자신이라고 말하고 있는데, 먼 옛날에 예수님의 예시(豫示)를 보았다는 것은 놀라운 일입니다. 또한 자기가 모르는 사이에 그의 안전을 위한 기도를 들으시고, 천사가 자기의 간구를 가지고 하나님께 올라가고 또 앞날을 지키시겠다는 하나님의 약속의 말씀을 가지고 천사가 내려오고 있는 것을 본 것입니다. 그는 이 꿈을 통해 여호와께서 그와 같이 계심을 깨달은 것입니다(창 28 : 16).

무엇보다도 죄악된 인간과 성스러운 하나님을 잇는 사닥다리, 유한과 무한을 잇는 사닥다리를 본 것을 야곱은 이해할 수 없었을 것입니다. 인간의 지혜로는 한 계단, 한 계단씩 2억 5천만 계단을 올라도 하늘나라는 그 끝에 없을 것입니다. 단지 그 다음에 2억 5천만 1이라는 계단이 있다는 것을 알 뿐입니다. 2억 5천만은 만 원짜리 지폐를 늘어놓으면 지구를 한 바퀴 도는 그런 숫자입니다. 그만큼 끝없이 세도 계단을 다 세지 못하는 그런 사닥다리는 과연 존재하기나 하는 것일까요?

✝ 야곱의 사닥다리는 하늘에 닿았는가

고대 그리스 시대부터 무한은 하나님과 관계되어 무한을 탐구하는 것은 금기시하였습니다. 따라서 무한에 속한 수학은 오래도록 발전하지 못하였습니다. 칸토어(1845~1918) 시대까지 철학자나 수학자들은 단지 '가능성으로서의 무한'을 인정했을 뿐이었습니다. 다시 말하면 분명히 자연수(1, 2, 3, 4……)의 집합이 무한하다는 데는 동의 하지만 '완결된 무한'이라는 것(무한까지 가보지 않았으므로)은 있을 수 없다는 것이었습니다. 즉 자연수 모두를 다 넣어버릴 수 있는 큰 상자는 없다는 것입니다. 마치 하나님이며 동시에 인간인 예수님을 믿을 수 없다는 말과 같습니다. 그래서 무한까지 가다가 하나님 영역 앞에서 돌아섰습니다. 그러나 결국 수학자들은 이 무한에 도전하여 '다음 수가 들어 있는 집합(successor set)'은 존재한다는 무한공리를 받아들임으로 '완결된 무한'을 인정하게 되었습니다. 다시 말하면 처음 시작이 있고 아무리 큰 수까지 가더라도 그 다음을 잇는 수가 존재하면 이 수는 무한하다는 것입니다. 이것은 중요한 일입니다. 유한한 인간이 무한한 천국을 마음에 품는 일입니다. 야곱은 그때 이미 무한계단의 사닥다리를 마음에 품고(예수님을 마음에 품고) 그 사닥다리를 오르고 내리는 천사를 보며 하나님의 축복의 음성도 들을 수 있었던 것입니다.

기도

천사가 오르고 내리는, 하늘과 땅을 잇는 사닥다리를 보는 야곱의 믿음이 내게도 있게 해 주십시오. 하나님과 나 사이를 잇는 기도의 통로가 열리게 해 주십시오. 아멘.

† 야곱의 사닥다리는 하늘에 닿았는가

나는 누구인가?

> 또 너희가 어찌 의복을 위하여 염려하느냐 들의 백합화가 어떻게 자라는가 생각하여 보라 수고도 아니 하고 길쌈도 아니하느니라.
>
> 마태복음 6 : 28

우리가 남들 앞에서 자신을 소개할 때는 으레 어디서 태어났으며 무엇을 하는 사람인가를 말합니다. 그러나 하나님께서는 우리가 어디서 태어나고 무엇을 하는가 하는 것이 중요하지 않습니다.

제가 장로로 시무하던 댈러스 한인 교회 교인들은 우리 아들을 어렸을 적의 모습으로 보며 있는 그대로의 그들의 모습을 보지를 않습니다. 또 내가 플로리다의 게인스빌에 있는 둘째 아들 집에 가면 그곳 교인들은 저를 그 아들의 아버지로 보고 제 자신의 있는 그대로의 모습은 보지 않습니다. 즉 인간의 정체성(identity)이 없어지고 상대적인 영상으로 인식되는 것입니다. 하나님은 있는 그대로의 저를 보시는데 그들은 안경을 끼고 저를 보게 됩니다. 제가 나쁜

인상을 남겼다면 아들은 불이익을 보게 됩니다. 게인스빌에 가게 되면 저는 신앙이 좋은 아버지도 아닌데 존경을 받게 됩니다. 그런 때는 죄인이었을 때 있는 그대로 받아주신 주님처럼 제 허물을 인정하면서 그냥 받아주는 교우들이었으면 좋겠다는 생각을 합니다.

하나님은 공중의 새가 어디를 날고 있건 들의 백합화가 어디에 피어 있건 상관하지 않고 먹이시고 입히시고 사랑하십니다.

댈러스에 있는 한인 교회에 언어학 박사학위를 받고 프린스턴에서 기독교 교육학 석사를 마치신 분이 10여 년 동안 '은혜학교'라는 것을 맡고 계십니다. 탁아소로서 15개월부터 5살까지의 코흘리개들을 보살피고 또 오후에는 학교가 끝난 초등학생들을 맡아 수학이나 영어 과외지도를 합니다. 혹 부모들의 영어가 시원치 않으면 학교로 불려 가서 맡고 있는 학생의 부모 역할을 해야 합니다. 점심 식사 준비를 위해 쿠폰을 잘라 모아 두기도 하고 세일 기간에 맞추어 직접 시장에 가서 좋은 채소나 통조림을 되도록 싸게 사 옵니다. 이렇게 알뜰하게 살림을 해서 10여 년 만에 2억여 원을 남겼습니다. 이제 은퇴하기 전 이 돈으로 교회 마당에 어린이들의 놀이 공원을 만든다 합니다. 이 학교는 교회의 보조 없이 자체 채산으로 운영되는 학교입니다. 박사학위를 받은 분에게 이게 가당한 역할입니까?

평생을 이렇게 지내는 것은 너무 아깝다는 생각을 계속해서 해

오던 저는 마태복음 6장 28절을 읽게 되었습니다. 하나님 앞에 더 큰 일이 무엇이 있겠습니까? 하나님은 있는 그대로 선한 청지기를 먹이고 입히시며 사랑하신다는 것을 깨닫게 되었습니다. 오히려 조금이라도 세상에서 존경을 받아보려고 아등바등 살아온 제가 부끄러워졌습니다.

기도

어찌해서 주께서 작게 보이시는 것이 제게는 크게 보입니까? 하늘이 땅보다 높음 같이 하나님의 길이 제 길보다 높은 것을 알게 하시니 감사합니다. 아멘.

선을 행하면 무엇을 거둡니까?

> 우리가 선을 행하되 낙심하지 말지니
> 포기하지 아니하면 때가 이르매 거두리라.
>
> 갈라디아서 6 : 9

위 말씀에서 낙심하지 않고 선을 행하면 무엇을 거둔다는 말입니까? 선을 거둔다는 말입니까? 흔히 하늘나라의 원리는 무엇으로 심든지 그대로 거두는 것이라고 믿고 있어서 원인을 알면 결과를 알고 결과를 알면 원인을 점칠 수 있다고 생각합니다. 노아는 방주를 지으라는 하나님의 음성을 듣고 120년간 방주를 지으면서 오직 하나님의 의를 전파하였습니다(벧후 2 : 5). 하나님의 뜻을 순종하는 것은 선한 일입니다. 그는 선한 일을 하면서 지치지 않고 충분히 오래 기다렸습니다. 그런데 그 결과는 많은 짐승을 빼고는 노아의 식구 8명이 구원된 것뿐이었습니다. 노아 편에서 볼 때 120년 동안 선을 심어 거둔 결과는 너무 보잘것없어 실망할 수밖에 없는 일이

† 야곱의 사닥다리는 하늘에 닿았는가

었습니다. 그러나 하나님 편에서 볼 때는 이것은 세상에 가득 찬 사람의 죄악을 심판하시려는 그분의 섭리에 맞는 결과였습니다. 노아는 하나님의 말씀에 순종하여 선한 일을 했으며 하나님의 뜻에 맞는 결과를 거두었습니다. 모든 결과는 인간이 기대하고 해석한 것과는 같지 않습니다.

선교사로서 선교를 떠나는 것은 선한 일입니다. 어떤 열매를 원하고 떠나십니까?

내가 밟는 땅이 하나님의 땅이 되게 해 주십시오. 내가 만난 사람이 하나님의 사람이 되게 해 주십시오. 주의 의로운 오른손으로 가는 길마다 나를 지켜 주십시오. 빈손으로 떠납니다. 일용할 양식을 저에게 주십시오.

모두 자기중심적인 소원은 하나도 없고 하나님의 일을 위한 소원처럼 들립니다. 그런데 아무 것도 이루지 못하고 가정만 망가진 채 기진맥진해서 이탈적 귀향을 했다면 이것을 어떻게 해석해야 합니까?

우리 안에는 언제나 두 가지 소욕이 있는데 하나는 죄와 자신을 섬기는 아담으로부터 물려받은 옛 성품이 주는 소욕이며 다른 하나는 하나님과 의를 섬기는 거듭난 새 성품이 주는 소욕입니다. 옛 성품의 소욕은 언제나 우리를 실망시킵니다. 위 선교사의 소욕은 아직도 옛 성품의 소욕입니다. 우리가 선을 행하고 낙심하지 않고 기다린다는 뜻은 '내가 하나님의 일을 하는 것이 아니라 하나님께서 내 안에서 나를 통해 그분 자신의 일을 하신 결과를 기다린다.'는 말로 해석되어야 한다고 생각합니다.

"나는 한 일이 없다. 언제나 하나님이 나보다 먼저 가셔서 모든 것을 예비해 놓고 기다리고 계셨다."고 말한 한 선교사의 간증은 바로 하나님의 도구로 씨를 심고 하나님께서 거두시는 것을 보고 기뻐하는 바른 모습이라고 생각합니다.

기도

선교의 열정을 찬양합니다. 어느 곳에 가든지 그들이 낙심하지 않게 하소서. 하나님의 도구로 씨를 심게 하시고 하나님께서 열매를 거두시는 것을 보고 기뻐하게 해 주십시오. 아멘.

천국의 여행계획

> 아버지여 내게 주신 자도 나 있는 곳에 나와 함께 있어 아버지께서 창세 전부터 나를 사랑하시므로 내게 주신 나의 영광을 그들로 보게 하시기를 원하옵나이다.
>
> 요한복음 17 : 24

저는 올해에 결혼 50주년 기념에는 3년이 모자랐지만 자녀들의 권고로 기념행사를 앞당겨 알래스카를 여행하고 왔습니다. 한반도의 16배가 넘는 땅에 인구는 64만밖에 살지 않으며 사람이 밟은 땅보다 태고 때부터 신이 주신 땅 그대로를 유지하고 있는 지상 최후의 개척지를 가 본 셈입니다.

알래스카는 미국이 남북전쟁 직후 안드류 존슨(Andrew Johnson) 대통령 때 국무장관으로 있던 스워드(William H. Seward)가 단돈 720만 불(72억)에 1867년 러시아로부터 산 땅입니다. 당시, 이 사실을 안 일부 미 국민들은 아무 쓸모없는 얼음상자(Seward's icebox)를 샀다고 그를 비아냥거렸다고 합니다. 그러나 1893년에는 지금의 페어뱅크

스 지역의 유콘 강변에서 미국에서 가장 많은 금이 매장되어 있는 것을 알게 되었습니다. 또 1968년에는 북극해에 있는 푸르도 만(Prudho Bay)에서 유전이 발견되고 1972년 유류파동이 일어나자 바로 서둘러 1974년에 착공하여 1977년에 1,300km의 송유관을 완성하였습니다.

최근에는 관광 붐도 일어나 공기 좋고 땅 넓은 곳에 크루즈 여행, 빙하 관광, 골프 여행, 스키 여행, 북극지역의 천연 노천 온천에서 오로라 관광 등이 붐을 이루고 있습니다. 이렇게 철저히 정보를 수집한 후 현지 여행사와 접촉을 하였습니다. 눈 없는 계절이 4개월도 되지 않은 곳을 승용차를 빌려 여행하기가 두려웠기 때문입니다.

결과는 환상적인 여행이었습니다. 그러나 여행을 마치고 한국에 돌아와 집안 문을 열고 들어서자 지금까지는 나그네 생활이었으며 이곳이 내 고향이고 내가 머물 집이라는 안도감을 갖게 되었습니다. 아무리 좋은 경치를 보고 다닐지라도 짐을 들고 다니고 있는 동안은 떠돌이 삶이며 목적지에 가도 그곳이 종착역이라는 생각이 들지 않았습니다. 내 고향 내 집은 무엇과도 바꿀 수 없는 그렇게 편한 곳입니다. 그러면서 하늘나라에 가면 이런 안식의 느낌이 아닐까 하는 생각을 했습니다. 저는 그동안 많은 여행 계획을 세웠지만 하늘나라로 가는 여행 계획은 한 번도 세워본 일이 없다는 것도 알았습니다. 그곳에는 언제 가겠다고 정확한 날짜를 정할 수는 없기 때문입니다. 그러나 그곳은 여행에서 돌아온 집처럼 영원히 안식할 곳이며 영화로운 곳임은 분명합니다. 주께서 "창세 전부터 나를 사랑하시므로 내게 주신 나의 영광을 그들로 보게 하시기를 원하옵나이다."(요 17 : 24) 하고 기도하셨던 곳이기 때문입니다.

기도

죽은 뒤에 갈 곳이 있다는 것은 얼마나 기쁜 일인지요. 주님의 영광 속에 나를 초청해 주신 것을 감사합니다. 여행 계획이 없이도 갈 수 있는 그 낙원에 내 친구들이 갈 수 있게 되기를 빕니다. 아멘.

내게 도움이 안 되는 예수를 왜 믿는가?

> 형제들아 내가 당한 일이 도리어 복음 전파에 진전이 된 줄을
> 너희가 알기를 원하노라.
>
> 빌립보서 1 : 12

'예수를 믿으면 병도 낫고, 사업도 잘 풀리며, 가정이 화목해지고, 무엇보다도 자녀들이 공부를 잘하고 성공적인 인생을 살 수 있다.' 고 말하며 교회에 나오라고 말한다면 잘한 일일까요? 이렇게 해서 교회에 나온 사람은 암 말기 환자가 예수를 믿고 완전히 회복된 간증을 들으면, 또 부도가 나서 무일푼이 된 사람이 예수를 믿고 재기해서 큰 사업가가 된 간증을 들으면, 또 깨어진 가정이 교회에서 부부치유 역을 통해 화목해지고 선교사로 떠난 사례를 들으면, 또 자녀를 신앙으로 길러 훌륭한 일꾼들로 기른 사례를 들으면 이런 초자연적인 기적들이 자기에게도 일어날 수 있겠다고 흥분합니다. 그러나 일단 교회에 발을 들여 놓고 보면 좀처럼 그런 기적은 일어

✝ 야곱의 사닥다리는 하늘에 닿았는가

나지 않고 매달려 기도해도 이루어지는 것이 없어 이게 무슨 짓인가 하는 생각을 하게 될 것입니다. "무엇이든지 원하는 대로 구하라 그리하면 이루리라"라는 성경의 말도 있는데 자기는 아무리 매달려 기도해도 응답이 없어 실망합니다. 도대체 기도도 안 들어주고 아무 도움이 안 되는 예수를 왜 믿어야 하는지 전도한 사람에게 완전히 속은 느낌을 갖게 될 수 있을 것입니다.

정말 그는 속아서 예수를 믿은 것입니다. 예수를 믿는다고 자기 처지가 좋아지고, 잘살고, 편해지는 것이 아닙니다. 베드로의 일생이 행복했습니까? 요한이 부자로 살았습니까? 바울의 지병이 나았습니까? 그들은 고난과 핍박 속에 살았지만 자기의 유익과 안일을 위해 예수님을 이용한 일이 없습니다. 그러나 기쁘게 그런 삶을 살았습니다.

예수님께서는 당신을 사랑하십니다. 당신은 죄 때문에 하나님과 단절되었습니다. 하나님께 이르는 길은 오직 예수님뿐입니다. 그분께서는 당신의 죄 값을 치르기 위해 십자가에 돌아가셨습니다. 그분을 구주로 영접하십시오.

이것이 전도의 정석입니다. 그렇게 되면 병이 낫는 간증을 들을 때 기적만 보지 않고 그 병자 안에서 예수님께서 일하시는 모습을 보게 됩니다. 이런 나날이 계속되면 머지않아 자기가 변화된 것을 느끼게 될 것입니다. 영의 눈이 뜨이고 새로운 가치관이 생겨 이 세상의 속된 옷을 벗어버리고 전혀 다른 삶을 살게 될 것입니다. 바울은 옥중에 있으면서도 옥외에 있는 성도들을 향해 항상 기뻐하라고 말하며 오히려 자기가 당하고 있는 일이 성도들을 위로하여 복음전파에 진전이 되고 있다고 말했습니다. 예수를 이용해서 무엇인가를 얻어 보려는 자기중심적인 생각에서 벗어나 죽은 나를 살리신 주를 사모할 때 기쁨과 찬양과 감사와 기도가 폭포수처럼 쏟아져 나올 것입니다.

기도

악하고 음란한 세대가 표적을 구합니다. 하나님의 자녀들이 예수를 바르게 믿게 해 주십시오. 아멘.

666 중독

> 열둘 중의 하나인 가룟인이라 부르는 유다에게 사탄이 들어가니 이에 유다가 대제사장들과 성전 경비대장들에게 가서 예수를 넘겨 줄 방도를 의논하매.
>
> 누가복음 22 : 3~4

어떤 일에 중독이 되었다는 말은 그 속에 빠져 들어 이제는 자기 힘으로 빠져 나올 수 없다는 것을 말합니다. '술이 술을 마신다'는 말이 있습니다. 알코올 중독이 되면 자기가 술을 마시는 것이 아니라 제3의 힘이 자기에게 들어와 자기를 조종하여 술을 마시게 하는 것입니다. 자기도 모르는 사이에 그렇게 중독이 되는 것입니다.

계시록 13장에 땅에서 올라온 두 번째 짐승 이야기가 나옵니다. 그는 7년 대환난 중 하늘로부터 땅에 불을 내려오게 하는 큰 이적까지 행하며 첫 번째 짐승의 우상을 만들게 하고 그 우상에게 경배치 아니하는 자는 다 죽게 합니다. 또한 오른손이나 이마에 666의 표를 받지 아니하는 자는 물건을 사고팔지도 못하게 합니다. 그럼 이런 환난에서 살아남을 수 있는 사람이 누가 있겠습니까? 무서운 숫자입니다. 그러나 이 666이 무슨 짐승의 표인지 정확히 아는 사람이 없습니다. 어떤 사람은 로마라고 하고 또 어떤 이는 네로라고 말하기도 합니다. 어떻든 666은 신자나 불신자나 '악마의 수'라고 알고 있습니다. 666을 '악마의 수'라고 인식하는 것까지는 좋습니다. 그러나 그 666이 살아서 내 삶에 영향을 미치기 시작하면 유다에게 사단이 들어간 것처럼 중독이 시작됩니다. 그런데, 2006년 6월 6일 현충일은 6이 셋이나 겹쳐졌던 날이었습니다. 그래서 이때는 결혼도, 출산도, 여행도 다 기피했다고 합니다. 네델란드의 암스테르담에서는 약 2천 명의 기독교인이 악(惡)에게 이로운 것으로 알려진 '666'의 날(2006년 6월 6일)을 맞아 악마에 맞서기 위해 '마라톤 기도'에 들어갔다는 말도 있습니다. 레이건 전 대통령이 지난 1989년 현역에서 은퇴, 고향인 캘리포니아주 벨에어로 이사한 집의 주소가 공교롭게도 '666가(街)'였을 때 이를 '668가'로 바꾸기도 했다고 합니다. 어떤 분은 요한복음 6 : 66은 6이 세 번 나오는데 "그때부터 그의 제자 중에서 많은 사람이 떠나가고 다시 그와 함께 다니지 아니하더라."는 말이 나와서 배교자는 다 사탄으로 생각하기로 했다고도 합니다.

이렇게 되면 중독도 중증입니다. 세상은 이것을 이용하여 교묘한

상술로 마귀가 살아 활동하는 영화나 또 책들을 만들어 장사를 시작할 것입니다. 우리는 이 중독증에서 벗어나야 합니다. 어떻게 벗어날 수 있습니까? 사단이 그 속에 들어가 이미 다스리고 있으므로 인간의 힘으로는 어떻게 할 수가 없습니다. 예수 앞으로 데리고 가는 일밖에는 없습니다. 또 예수님의 권세와 능력을 의지하고 기도할 수밖에 없습니다.

기도

근신하고 깨어서 우리를 유혹하고 위협하는 마귀를 대적하기를 기원합니다. 아멘.

나는 그리스도인인가?

> 바나바가 사울을 찾으러 다소에 가서 만나매 안디옥에 데리고 와서 둘이 교회에 일 년간 모여 있어 큰 무리를 가르쳤고 제자들이 안디옥에서 비로소 그리스도인이라 일컬음을 받게 되었더라.
>
> 사도행전 11 : 25~26

안디옥 교회는 최초의 이방인 교회로 스테반이 죽은 이후 흩어진 유대인과 헬라인들로 이루어진 교회입니다. 그들은 신앙 공동체로서 예수를 믿는 교회 생활을 하고 있었습니다. 그러나 바나바와 사울이 그곳에 와서 일 년간 모여 제자들을 열심히 가르치자 그들이 비로소 그리스도인이라 일컬음을 받게 되었습니다. 그리스도인이란 그리스도의 당에 속하게 되었다는 말입니다. 이제 다른 무리들과 분명히 가치관을 달리 하는 성스러운 무리로 구별되었다는 말이기도 합니다. 율법주의에 찌든 유대파 교인들과 이방 문화에 젖어 있는 헬라파 교인들이 세상의 습관을 버리고 하늘나라의 새 질서를 회복하는 데 적어도 1년이 필요했다는 것입니다. 구원은 율법이나

✝ 야곱의 사닥다리는 하늘에 닿았는가

행위로 말미암지 않고 전적으로 은혜임을 깨닫게 하는데 그렇게 많은 시일이 필요했던 것입니다. 그래서 그들은 드디어 계시의 하나님을 만나고 그리스도인이라고 일컬음을 받게 되었습니다. 바울과 바나바를 해외선교사로 내보낸 힘은 그들에게서 나왔습니다.

우리는 지금 1885년 언더우드와 아펜젤러가 한국 땅을 밟은 지 120여 년을 지난 시점에 있습니다. 한국성령역사 100주년을 기념하는 대형 행사들이 여기저기서 진행되고 있습니다. 그런데 우리 교인들은 과연 그리스도인이라고 불리게 되어 있을까요? 물론 누구나 자기는 그리스도인이라고 대답합니다.

새벽기도도 잘하고 주일성수하며, 십일조도 빠짐없이 내고, 철야기도회에도 열심히 나가기 때문입니다. 그러나 이런 형식과 의식과 절기들은 진즉 바리새인들이 더 철저히 지켰지만 예수님께 꾸중을 들었던 일들입니다.

우리는 예수 그리스도를 믿고 주의 이름을 부르기 때문에 구원을 받았고 그리스도인이라고 말합니다. 성경에 있는 약속의 말씀을 따라 구원받았다고 믿습니다. 그러나 그리스도인이라면 하나님의 백성답게 살고 있는지가 문제입니다.

주의 지상명령을 수행하기 위해 열심히 축호 전도를 하며 생명의 위협까지 무릅쓰고 해외 선교를 하고 있으니 하나님의 큰일을 담당하는 그리스도인이라고 말할 것입니다. 그러나 성경은 "하나님의 보내신 자를 믿는 것이 하나님의 일"이라고 말합니다. 무슨 큰일을 했느냐가 중요하지 않고 주를 온전히 믿고 나를 맡기며 성령의 뜻에 따라 사는 것이 문제입니다. 어떻게 그분의 계시를 받습니까? 기도는 주님을 만날 수 있는 길입니다. 말씀 묵상으로 그분을 만날 수 있습니다. 설교 속에서 우리는 뜻하지 않게 그분을 만날 수 있습니다. 그분을 만나고 그분이 말씀하기 전에 나 자신의 열심이 앞설 수 없습니다.

설교는 교회에서 듣고, 기도원이나 대형 집회에서 듣고 TV에서 듣고 진력나게 듣고 있는데 그 정도면 그리스도인이 아니냐고 말합니다. 그러나 하나님의 음성은 이 세상 밖에서 내 안을 향해 들려주시는 음성입니다. 내 안에 선한 것이 없으며 내 힘으로 할 수 있는 것은 약간의 외형적 변화뿐입니다. '에너지 보존의 법칙'이라는 것이 있습니다. 닫힌(閉鎖) 장(場) 안에서는 열, 기계력, 전기, 빛, 운동 등 에너지의 형태는 변해도 에너지의 총량은 변하지 않는다는 것입니다. 이 세상 밖에서 오는 하나님의 힘이 아니면 이 세상 안에 있는 어떤 힘으로도 초능력적인 기적은 일어나지 않습니다. 하나님으로부터 온 힘을 체험한 사람만이 자연인을 그리스도인으로 변화시킬 수 있는 능력을 가질 수 있습니다.

† 야곱의 사닥다리는 하늘에 닿았는가

기도

겉으로만 완벽한 종교인이 아니라 참그리스도인으로 세상에서 살 수 있기를 기원합니다. 아멘.

정신대 할머니의 상처

> 예수께서 그곳에 이르사 쳐다 보시고 이르시되 삭개오야 속히 내려오라 내가 오늘 네 집에 유하여야 하겠다 하시니 급히 내려와 즐거워하며 영접하거늘.
>
> 누가복음 19 : 5~6

2006년 61회 광복절을 맞으면서 '일본군 위안부'에 대한 생각을 다시 하게 됩니다.

김순덕 할머니는 경북 의령 출신으로 1921년 봄에 태어났습니다. 1937년 16살의 나이로 일본 장에서 일하게 해 주겠다는 말에 속아 상해 남경 등을 떠돌며 소위 일본군의 위안부가 되었습니다. 그분은 자신을 회고하면서 다음과 같이 증언한 바 있습니다.

"아침 7시에 일어나서 세수하고 교대로 밥을 먹고 나면 9시쯤부터 군인들이 줄을 서서 오기 시작했다. 저녁 6시 이후부터는 계급이 높은 사람들이 왔고, 자고 가는 사람도 있었다. 하루 평균 30~40명

✝ 야곱의 사닥다리는 하늘에 닿았는가

이 와서 잠도 못 잘 정도로 바빴다."

-한겨례신문, 2004. 7. 1.-

한 나라가 '여자 정신(挺身) 근로령'이라는 법을 제정하여 가난하고 힘없는 여성들을 유인하여 군인들의 '성 노리개'로 희롱했으며 그들을 '군 위안소', '군인 클럽', '군인 오락소' 등의 이름을 붙여 수용하고 문 밖에서 바지춤을 쥐고 줄지어 서 있는 군인의 노리개가 되게 했다는 것은 치욕의 극치입니다. 제3자도 이렇게 부끄럽거늘 정작 본인의 상처는 얼마나 깊겠습니까? 김순덕 할머니는 경기도 광주에 위치한 '나눔의 집'에, 거하며 같은 처지의 할머니들 6명이 그림으로 자신들의 상처를 치유했다고 합니다. 김순덕 할머니는 2004년 6월 30일 숨을 거두셨는데 상처를 다 씻고 가셨을까요?

본문의 삭개오도 남에게 털어놓은 수 없는 많은 상처를 가지고 있었으리라고 생각합니다. 동족을 배신하고 세금을 수탈하여 부를 축척하고 있던 그가 계속 깊어가는 상처를 감당할 수 없어서 뽕나무 위에 올라갔다고 상상할 수도 있습니다. 예수가 지나간다는 소문을 듣고 세리장이라는 체면을 무릅쓰고 뽕나무에 올라갔을 것입니다. 해결의 실마리는 없더라도 예수를 바라보기라도 할 생각이었을 것입니다. 그런데 "삭개오야 속히 내려오라 내가 오늘 네 집에

유하여야 하겠다."는 예수의 음성을 들은 것입니다. 그는 급히 내려와 예수를 영접했습니다. 자기의 상처를 어루만져 줄 구세주를 만난 것입니다. 그는 완전히 상처의 치유를 받았을 뿐 아니라 온 가족이 새롭게 거듭난 삶을 살게 되었습니다.

음악 요법, 그림 요법 등으로 마음의 상처를 어느 정도 치유할 수는 있습니다. 그러나 근원적인 치유는 주께 자신을 내놓고 치유를 받는 일입니다.

기도

주님을 내 안에 모심으로 우리의 깊은 상처가 근원적으로 치유되기를 기도합니다. 아멘.

아직도 내가 살아 있습니까?

이는 너희가 죽었고
너희 생명이 그리스도와 함께 하나님 안에 감추어졌음이라.

골로새서 3 : 3

교회는 예배를 드리는 건물인 예배당이 아니고 예수 그리스도를 믿는 신자들의 모임입니다. 바울은 예배소서에서 예수 그리스도는 이방인과 유대인 사이의 담을 헐고 둘이 하나를 만들어 "둘로 자기 안에서 한 새 사람을 지어 화평하게 하시고"(엡 2 : 5), "한 성령 안에서 아버지께 나아감을 얻게 하려"(엡 2 : 18) 했다고 말했습니다. 유대인 편으로 하나되게 하지 않고, 이방인 편으로 하나되게 하지 않고 하고 오직 예수 안에서 한 새 사람으로 거듭난 신자들이 교회라고 말했습니다(엡 2 : 11~22). 그리고 주는 이 교회들에게 선물을 주셨는데 사도로, 선지자로, 혹은 복음 전하는 자로, 목사와 교사로 주셔서 봉사의 일을 하게 함으로 그리스도의 몸인 교회를 세우려

했다고 말했습니다(엡 4 : 11~16). 교회 안에 믿음이 약한 자와 믿음이 강한 자가 있지만 그들은 한 몸이요, 교회 안에 봉사하는 여러 직분이 있지만 어떤 한 직분이 중요하지 않고 다 하나님께서 나누어 주신 은사대로 봉사하여 그리스도의 한 몸이 되어 간다는 것입니다. 바울은 성도들을 건물로 비교했는데 그들은 "그의 안에서 건물마다 서로 연결하여 주 안에서 성전이 되어 가고, 너희도 성령 안에서 하나님이 거하실 처소가 되기 위하여 그리스도 예수 안에서 함께 지어져 가느니라."(엡 2 : 21, 22)라고 말했습니다.

어떤 노부부가 숲 속을 거닐고 있었는데 그 숲은 사람의 손이 하나도 닿지 않은 것 같은 자연림이었습니다. 공기도 맑고 너무 상쾌하여 자기들도 자연의 한 부분이 된 것 같은 황홀감을 느꼈습니다. 그때 갑자기 '저기 다람쥐를 보라'고 남편이 아내에게 나무 위를 가리켰습니다. 그러나 부인은 아무리 보아도 푸른 나무 잎만 있을 뿐 다람쥐가 보이지 않았습니다. 그러나 남편이 가리킨 곳을 주의 깊게 더듬어 살펴보니 정말 다람쥐 한 마리가 나뭇 가지에 매달려 있는 것이 보였습니다. 그러나 다람쥐는 나무의 가지와 잎 사이에서 마치 한 나무가 된 것처럼 매달려 있어 보이지 않은 것입니다. 그 자연림에는 그 다람쥐 말고도 많은 곤충과 짐승이 있었을 것입니다. 그러나 그들은 하나님의 창조물 속에서 조화를 이루어 오직 한 산

림이 있었을 뿐이었습니다.

그 부인은 그때 "이는 너희가 죽었고 너희 생명이 그리스도와 함께 하나님 안에 감추어졌음이라."(골 3:3)는 성경 구절을 생각했다고 합니다. 교회 안에 장로가 크게 보이거나, 목사가 크게 보이거나, 있는 자가 크게 보이거나, 배운 자가 크게 보이지 않고 다 그리스도와 함께 하나님 안에 감춰진 자들이 되어 하나님이 거하실 처소로 교회가 있을 뿐입니다.

기도

나의 모습을 숨겨주시고 그리스도만 나에게서 영광 받으시기를 빕니다.
아멘.

가난한 신자들이여

> 나는 비천에 처할 줄도 알고 풍부에 처할 줄도 알아 모든 일 곧 배부름과 배고픔과 풍부와 궁핍에도 처할 줄 아는 일체의 비결을 배웠노라 내게 능력 주시는 자 안에서 내가 모든 것을 할 수 있느니라.
>
> 빌립보서 4 : 12~13

'교회에 다니려면 돈이 있어야 하는데 나는 가난하다.' 혹 이렇게 생각하신 적이 있습니까? 하나님께서는 재물을 원하지 않으십니다. 온 세상에 있는 모든 것이 하나님의 것인데 무슨 재물을 원하시겠습니까? 스스로 자책하는 것이지요. 하나님께서는 감사와 통회하는 심령을 원하십니다. 여러 종류의 사람 속에 끼어 있으면 가난을 느끼는데 이것은 상대적인 빈곤입니다. 사람에게는 누구나 살아남기 위해 꼭 필요한 것을 가지려는 생각과 그것과는 상관없이 더 갖고 싶은 욕망이 있습니다. 본질적인 필요가 충족되지 않으면 가난을 느낍니다. 그러나 욕망이 충족되지 않아도 허기지고 가난을 느낍니다. 더 갖고 싶은 욕망이 문제입니다. 또한 가난한 자는 학대 받고,

† 야곱의 사닥다리는 하늘에 닿았는가

버림받고, 무시당하고, 굶주리고, 헐벗고 살아야 하는 계층의 사람들이라는 고정관념을 갖고 이웃 사람과의 대화 중에 상처를 받으면 자기를 그런 가난한 부류에 넣고 학대하며 괴로워합니다. 어떻게 이런 빈곤의 강박관념에서 벗어날 수가 있을까요?

바울은 예수를 영접한 뒤로부터 평생을 가난하게 살았습니다. 학대받고, 버림받고, 무시당하고, 굶주리고, 헐벗고 살았습니다. 그러나 그는 결코 가난하다는 생각을 하지 않고 오히려 기뻐하며 살았습니다. 무엇이 비결일까요? 그는 "배부름과 배고픔과 풍부와 궁핍에도 처할 줄 아는 일체의 비결을 배웠다."고 말하고 있습니다. 그러나 그는 구체적인 자족의 비결을 가르쳐 주지 않고 있습니다. 예수님의 말씀과 바울의 가치관을 따라 유추해 보면 그는 결코 재물을 거두어들이지 않고 그럴 필요도 느끼지 않고 살았다는 것입니다. 돈이 필요하면 열심히 장막을 지으며 벌었고 생계를 유지하기 위해 말씀을 가르친다는 말을 듣지 않기 위해 오히려 다른 사람의 물질적인 도움을 거절했습니다. 그것이 그가 우리에게 가르쳐 주고 싶어했던 자족하는 비결의 하나가 아닐까요?

예수님께서는 "공중의 새를 보라 심지도 않고 거두지도 않고 창고에 모아들이지도 아니하되 너희 하늘 아버지께서 기르시나니 너희는 이것들보다 귀하지 아니하냐."(마 6 : 26)라고 말씀하셨습니다.

바울은 공중의 새처럼 하나님의 뜻을 따라 영원을 사모하며 살았습니다. 새들은 아침 일찍부터 먹이를 찾아 나서는데 하나님께서 먹이를 언제나 예비해 놓으셨습니다. 부지런하면 하나님께서는 언제나 모든 쓸 것을 채워주십니다.

한 달란트를 받고 땅에 묻어 놓은 게으른 종처럼 가진 것이 없는 것을 한탄하고 살지 않으면 작은 것에 충성하는 하나님의 청지기에게 풍성한 것을 맡기실 것입니다. 가난 때문에 왜소해질 이유가 없습니다. 하나님은 오히려 가난한 자의 편입니다.

기도

그리스도 안에서 빈부귀천의 상황을 초월하는 일체의 비결을 배우게 하시니 감사합니다. 작은 것일수록 충성하는 지혜와 믿음을 주십시오. 아멘.

✝ 야곱의 사닥다리는 하늘에 닿았는가

바다 이야기

> 만일 네 손이나 네 발이 너를 범죄하게 하거든 찍어 내버리라 장애인이나 다리 저는 자로 영생에 들어가는 것이 두 손과 두 발을 가지고 영원한 불에 던져지는 것보다 나으니라.
>
> 마태복음 18 : 8

하지 말아야 할 것을 하고 가지 말아야 할 곳을 가서 평생 후회할 일을 하게 되면 눈물을 흘리고 회개하며 손이나 발을 찍어버리고 싶다고 말하는 사람들의 고백을 듣게 됩니다. 그러나 정말 자기 손이나 발을 찍어 버릴 수가 있습니까? 성추행, 음주, 흡연, 도박, 마약 등에 중독이 되면 비록 자기 몸에 상처를 낸다 할지라도 자기 힘으로는 그 속에서 빠져 나올 수가 없습니다. 그래서 이 사회에는 도박예방치유센터, 금연운동본부, 마약퇴치운동본부 등 비영리단체들이 생겨 이들이 빠져 나오도록 돕고 있습니다. 그 상담원들은 한결같이 "자기는 중독이나 병적 환자가 아니라고 말하는 사람은 치유할 수 없으며 자기가 환자인 것을 자인하고 헤어나기를 원하는 사람만 치유가 가능하다"고 합니다. 중국은 1800년 초부터 영국이 아편을 밀수출해 온 국민이 아편 중독자가 되었습니다. 그들은 아편이 그렇게 무서운 줄 몰랐습니다. 그러나 백성들은 모두 중독자가 되어 나라에서 이를 근절하려고 해도 불가능했습니다. 아편 밀수를 강력히 단속하자 이해가 충돌된 영국과 전쟁이 일어났습니다. 그러나 이때는 군인들까지 아편으로 무력해져 1842년 청국은 전쟁에 패배하고 난징조약이라는 불평등 조약을 맺고 홍콩을 할양하는 수모를 당했습니다.

도박도 아편과 마찬가지입니다. 처음엔 오락으로 하는 것은 도박이 아니라고 말합니다. 그러나 안 가면 가고 싶고, 한 번 빠져들면 빠져 나올 수 없고, 돈이 없어 못 간다는 생각을 하면 미칠 것 같고, 잃은 돈만 찾으면 끝내겠다는 핑계를 대고, 노름빚 때문에 여기 저기 거짓말을 하고 다니게 되면 이는 분명 도박 중독에 걸린 것입니다. 요즘 우리나라에서는 '바다 이야기' 등 사행성 오락기 문제 때문에 온 나라가 시끄럽습니다. 직장에 있는 사람이 시간만 끝나면 이곳으로 뛰어 가고 심지어 농어민까지 이 게임에 심취해서 많은 돈을 잃었을 뿐 아니라 살인, 자살 등 사회문제가 되어 이러다가는 이 나라가 도박 왕국이 되는 것이 아니냐고 걱정하게까지 되었습니다.

우리나라는 예로부터 부농가에 머슴으로 있던 사람들이 농한기에

✝ 야곱의 사닥다리는 하늘에 닿았는가

모여 투전을 하게 되고 그것 때문에 1년 새경을 다 날린 일이 흔히 있었습니다. 또 하와이 이민사에 의하면 1902년 12월 노동자들이 $100씩을 받고 20여 일을 배를 타고 하와이에 갔는데 호놀룰루에 도착하기까지 배 안에서 노름을 하여 그곳에 내릴 때는 손을 털고 내린 사람이 많았다고 합니다. 3년만 벌면 부자가 되어 올 수 있다는 말에 큰 꿈을 안고 떠난 사람들이 이게 무슨 짓입니까? 또 설탕 농장에 가서도 다수 청년 홀아비들이 몇 십 명씩 판잣집에 합숙하면서 노름하기와 아편 빨기를 예사로 하여 술과 노름으로 싸움이 끊일 때가 없었다고 합니다. 그래서 사진결혼이라고 한국에 있는 처녀를 사서 미국으로 데려와 가정을 이루도록 해 준 일도 있습니다.

  우리는 아담의 후손들입니다. 또 한탕주의와 대박과 불로소득에 열을 올리는 백성들입니다. 그런 국민들에게 노동하지 않고 작은 돈으로 큰 목돈을 만들 수 있는 기회가 있다고 사행심리를 자극하면 어떻게 되겠습니까? 이내 기름이 유출된 것처럼 온 바다가 오염될 것입니다. 이것은 법으로 금할 문제가 아니라 중독된 환자들을 어떻게 치유할 것인가가 더 중요한 문제입니다. 그리고 이것은 바로 천만이나 되는 기독교인들의 몫입니다. 교회에 나가되 예수를 닮지 못하고 이웃을 초청하되 새사람으로 변화시키는 능력이 없는 경건의 모양만 갖춘 기독교인들이 회개해야 할 문제입니다.

기도

쉽게, 빨리, 많이 벌려는 사행심을 자극하는 맘몬신을 몰아내 주십시오. 마귀에게 억눌린 심령을 구해 주십시오. 아멘.

† 야곱의 사닥다리는 하늘에 닿았는가

교회를 못 나가서 죄책감이 듭니까?

> 종들아 두려워하고 떨며 성실한 마음으로 육체의 상전에게 순종하기를 그리스도께 하듯 하라 눈가림만 하여 사람을 기쁘게 하는 자처럼 하지 말고 그리스도의 종들처럼 마음으로 하나님의 뜻을 행하고 기쁜 마음으로 섬기기를 주께 하듯 하고 사람들에게 하듯 하지 말라.
>
> 에베소서 6 : 5~7

바울은 에베소 교인들에게 종과 상전의 관계가 어떠해야 하는지를 일러주고 있습니다. 여기서 종이라 함은 그 당시 인간으로 취급을 받지 못하고 소유물로 인정을 받던 노예를 말하고 있습니다. 물론 육신의 상전이요 주인은 불신자입니다. 이 같은 불신자를 섬기고 있는 우리 믿은 자가 어떻게 그들을 대해야 하는지를 바울은 가르쳐 주고 있습니다. 혹 주인이 싫어할까, 화날까 마음 졸이며 두렵고 떨리는 마음으로 성실하게 섬기되 그리스도께 하듯 하라고 당부합니다. 불신자가 믿지 않은 상전을 섬기는 일이 무엇이 그렇게 기쁘겠습니까? 그러나 주께서 그를 부르시고 세상에 내어 보낸 뜻은 불신자인 주인을 섬기라고 보내셨다고 깨닫는 일입니다. 구약시대에는 성소에서 바쳐진 제물은, 그 피는 지성소로 가져가고 육체는 영문 밖에서 불살랐습니다. 그런데 예수는 이 부정한 영문 밖에서 보혈을 흘리시고 우리 죄인을 구하셨습니다. 예수님께서 오신 뒤 제물을 바치는 지성소는 뜻을 잃었습니다. 교회는 지성소가 아니며 하나님을 믿는 무리들의 모임입니다.

우리가 교회에 나가지 못해 죄의식을 느끼는 것은 자기가 진심으로 하나님을 섬기지 못한다고 생각하기 때문입니다. 지금은 구약시대와 같은 노예는 없습니다. 그러나 부득이 교회를 가지 못하고 세상 상전을 섬길 수밖에 없을 때는 마음으로 하나님의 뜻을 행하고 기쁜 마음으로 섬기기를 주께 하듯 섬기면 그것이 바로 내가 '주께서 영문 밖에서 겪은 고난'에 동참하는 것이며 그것이 주의 구원 사역에 동참하는 일이라고 생각하고 기뻐해야 합니다.

한 고용인이 주일에 교회를 가지 못하고 일터 구석에서 기도하고 있었습니다. 주인이 지나다 보고 무슨 기도를 했느냐고 물었습니다.

"하나님이 사장님에게 복에 복을 더하시고 활동 영역을 넓혀 주셔서 회사가 잘 되게 하시고 그리스도 안에서 영광 가운데 사장님이 쓸 모든 것을 하나님께서 채워 주시어서 주일에는 근로자 모두가 쉴 수 있게 해 주십시오."라고 기도했다고 말했습니다. 그 사장은 진심으로 회사에 충성하는 종업원을 보고 감탄하여 얼마 되지 않아 주를 영접하게 되었다고 합니다.

우리는 예수 그리스도의 편지이며 향기입니다. 우리 모두는 우리가 있는 자리에서 우리가 받은 은사대로 하나님의 부르심을 받았습니다. 주의 사역이 나를 통해 확장되고 있습니다.

기도

교회의 머리이신 주님. 주일에도 일을 해야만 하는 신도들의 아픈 마음을 살피시고 위로해 주십시오. 주님께서 보내신 곳에서 충성하게 하십시오.
아멘.

베드로처럼 할 수 없을까?

> 예수께서 즉시 이르시되 안심하라 나니 두려워하지 말라 베드로가 대답하여 이르되 주여 만일 주님이시거든 나를 명하사 물 위로 오라 하소서 하니 오라 하시니 베드로가 배에서 내려 물 위로 걸어서 예수께로 가되 바람을 보고 무서워 빠져 가는지라 소리 질러 이르되 주여 나를 구원하소서 하니 예수께서 즉시 손을 내밀어 그를 붙잡으시며 이르시되 믿음이 작은 자여 왜 의심하였느냐 하시고 배에 함께 오르매 바람이 그치는지라.
>
> 마태복음 14 : 27~32

　베드로는 대책 없는 제자입니다. 예수님이 물 위로 오라 한다고 어떻게 생각도 없이 걸어갑니까? 그러다 물에 빠지니 또 "나를 구원하소서." 하고 소리칩니다. 그런데 예수님께서 그를 구해 주신 것입니다. 베드로는 대책이 없는 것이 아니라 앞뒤를 돌아보지 않고 순종하는, 성질이 급한 제자였습니다.

　요즘 저는 6시에 일어나 아파트를 시계 방향으로 돌고 있습니다. 당뇨에는 걷는 것보다 좋은 치료 방법이 없다고 들었기 때문입니다. 그런데 대부분의 사람들은 시계 반대 방향으로 돌고 있는 것을 알게 되었습니다. 그래서 저와는 정면으로 마주칩니다. 운동복을 입고 흰 장갑을 끼고 옆구리에 손을 'ㄴ'자로 하고 달리듯이 쉬, 쉬, 소리

야곱의 사닥다리는 하늘에 닿았는가

를 내면서 무서운 모습으로 걷는 사람이 있는가 하면 지팡이를 짚고 천천히 걷는 사람도 있습니다. 땀을 흘리고 달리는 사람이 있는가 하면 트랜지스터 라디오를 호주머니에 넣고 방송을 들어가며 걷는 사람도 있습니다. 제가 걷고 있으면 한 바퀴를 돌 때마다 30명쯤 만나는데 그 중 2/3는 여자이고 나머지는 남자입니다. 그런데 이들에게 관심을 갖게 된 것은 얼마 전 교회 목사님으로부터 "여러분은 교회에 나와서 믿는 사람끼리만 어울리지 말고 세상으로 나가 믿지 않은 사람과 친구가 되십시오."라는 말을 들은 때부터입니다. 안 믿는 사람과 친구가 되지 않고 어떻게 전도하느냐 하는 것이었습니다. 이제부터는 모르는 사람과 친구가 되어야겠다고 생각하고 먼저 눈웃음을 치며 인사부터 해야겠다고 생각했습니다. 처음 만난 사람은 고개를 6시 5분쯤 되는 상태로 돌리고 밑을 보며 심각하게 걷고 있어서 입이 열리지 않았습니다. 그 다음 여자는 눈을 좀 맞춰 볼까 하고 유심히 쳐다보았는데 그것을 의식했는지 몸을 비비 꼬며 빨리 지나가 버렸습니다. 다음 사람은 열심히 앞을 보고 걷는 남자였습니다. 그래서 놓칠 새라 "안녕하십니까?" 하고 용기를 내서 말했는데 듣지 못했는지 그냥 지나가 버렸습니다. 그 다음 사람은 상당히 나이가 들어 잘 걷지도 못하는 사람이었는데 안경을 쓰고 얼굴 밑은 거의 다 가린 마스크를 하고 있어서 아무래도 귀도 잘

안 들릴 것만 같았습니다. 이렇게 몇 사람을 놓치고 나니 길에서 친구를 사귄다는 것은 어려운 일이라는 생각이 들었습니다. 외국 사람들은 어떻게 그리 쉽게 눈웃음을 치며 "하이" 라고 인사하는가? 어렵더라도 베드로처럼 저도 무조건 목사님 말씀에 순종하여 인사하고 친구가 되어야겠다고 생각했습니다. 실패하면 주께서 손을 뻗어 붙들어 주시리라는 생각을 하며 다가오는 사람을 보자 멈추어서서 큰 소리로 "안녕하십니까?" 하고 소리를 쳤습니다. 그랬더니 상대방이 깜짝 놀라서 나를 유심히 보더니 "저를 아십니까?" 라고 되물었습니다. 저는 당황해서 손을 저으며 걸어와 버렸습니다. 물 위를 걷다가 바다 깊숙이 빠지는 느낌이었습니다.

알지도 못하고 말도 잘 안 통하는 미전도지역에서 선교사들은 어떻게 모르는 사람과 사귀는 것일까요? 우리나라 사람은 무뚝뚝하고 사교성이 없어서 전혀 사람을 사귀거나 전도를 할 수 없을 것 같은데 2006년 세계선교대회에 보고한 것에 의하면 우리나라 개신교 선교사는 14,012명에 달하며 기관에 등록하지 않은 비공식적인 선교사까지 합하면 19,000명에 달해 세계에서 두 번째로 많은 선교사를 파송한 나라라고 합니다. 그런데 저는 아무 전략도 없이 대책 없이 인사했다가 망신만 당하고 주님의 손도 잡아보지 못하고 낙담한 것이 너무 부끄러웠습니다.

✝ 야곱의 사닥다리는 하늘에 닿았는가

기도

베드로처럼 믿음으로 바다에 뛰어들기를 원합니다. 물에 빠져 갈 때는 제 손 붙들어 주시고 은사가 없다고 생각될 때 격려해 주십시오. 아멘.

공갈을 그치라

> 상전들아 너희도 그들에게 이와 같이 하고 위협을 그치라 이는 그들과 너희의 상전이 하늘에 계시고 그에게는 사람을 외모로 취하는 일이 없는 줄 너희가 앎이라.
>
> 에베소서 6 : 9

바울은 에베소 교회에 있는 상전들에게 종들을 다룰 때 공갈(위협)을 그치라고 말했습니다. 요즘 민주국가에는 종과 상전이 없습니다. 인간은 다 평등하기 때문입니다. 그러나 조직사회 안에서는 명령을 따라 일을 하는 사람(노)과 일을 시키는 위치에 있는 사람(사)이 있습니다. 그래서 현 세대에 이 말씀을 적용하면 상사는 직원들에게 공갈을 그치라는 말입니다. 도대체 누가 공갈을 칠 수 있는 것입니까? 있는 자(힘과 재력과 권세 등)가 없는 자에게 공갈을 치는 것입니다. 성경에 보면 왕으로부터 일만 달란트 빚진 자가 그 빚을 탕감받고 자기에게 백 데나리온 빚진 자를 공갈쳐서(위협하여) 갚으라고 옥에 넣은 이야기(마 18 : 23~35)가 있습니다. 억울한 일입니다.

✝ 야곱의 사닥다리는 하늘에 닿았는가

왕에게 백 데나리온 빚을 져서 왕 앞에 나갔다면 일만 달란트 빚진 자도 용서하여 주셨는데 어찌 그보다 못한 빚 때문에 하인이 용서를 못 받겠습니까? 우리 하나님께서는 누구나 공평하게 대접을 하시는데 우리가 우리 위에 아무도 없는 것처럼 아래 사람을 불공평하게 대접하며 공갈을 치는 것입니다.

노사 문제가 어느 곳에서나 국가 발전에 큰 저해 요인이 되는 것은 잘 아는 사실입니다. 노사가 대립될 때 어느 쪽 주장이 맞는 것인지 판단하기는 쉬운 일이 아닙니다. 각각 '노'나 '사'의 입장에서 보면 다 일리가 있는 주장이기 때문입니다. 옳고 그른 것을 판단할 수 있는 절대자는 누구입니까? 절대적인 가치 또는 진리는 있는 것입니까? 1994년 미국의 한 통계에 의하면 절대적인 진리는 없다고 대답한 사람이 72%였다고 합니다. 모두가 상대적인 진리를 믿고 있습니다. 상황에 따라, 보는 관점에 따라, 위가 아래가 되고, 밖이 안이 되고, 우가 좌가 됩니다. 1000사람이 있으면 1000사람의 가치관이 다 달라서 모두 자기 소견에 옳다고 생각되는대로 행합니다. "대화를 합시다. 마음을 엽시다. 관대해집시다. 상호 신뢰를 회복합시다." 하고 외쳐도 그 방법이 각각 다릅니다. 모두가 약간씩 편집광들입니다. 그들에게 무엇을 해야 한다, 무엇을 해서는 안 된다 하는 율법을 가르치는 것은 무익한 일입니다. 오직 한 가지 방법은 절대적

진리가 무엇인가를 찾게 하는 일입니다.

　기독교인으로 구성된 공동체 안에서도 예수님이 유일한 구원자라는 진리를 안 믿는 경우가 많습니다. 그러나 예수님께서는 "내가 곧 길이요 진리요 생명"(요 14 : 6)이라고 말했으며 바울은 "진리의 말씀을 옳게 분변하여" 부끄러울 것이 없는 일꾼으로 하나님 앞에 자신을 드리라고 말했습니다. 예수님 자신이 바로 진리입니다. 그와 하나가 됨으로 진리를 분변할 수 있게 됩니다. 내 구습이 사라져서 거듭나 예수님과 한 몸이 되고 예수님의 성품이 내 성품이 되어야 진리를 분변할 수 있게 됩니다. 내 지식과 내 지혜로 깨달아서 이것이 옳다고 주장하는 것은 다 틀린 말입니다. 그것은 하나님의 의를 무시하고 자기 의를 들어내는 것입니다. 나에게는 판단할 능력이 없으며 오직 주의 계시가 있을 뿐이라는 겸손한 마음가짐이 있어야 합니다.

　바울은 기독교 윤리의 실천을 강조하면서 상전에게 공갈을 그치라고 말하면서 그보다 먼저 하인들에게 육체의 상전에게 순종하라고 말했습니다. 세속적인 순종과 성스러운 순종이 있는데 세속적인 순종은 불평하면서 어쩔 수 없이 억지로 순종하는 것이며 성스러운 순종은 주께서 그에게 소명을 주셔서 주의 사랑을 그를 통해 보이라는 명령을 따라 그를 통해 주를 섬기는 섬김입니다. 그래서 에베소서 6 : 9에는 하인이 상전을 섬기듯 '이와 같이' 너희 상전도 공갈을 그치라고 말합니다. 상전과 하인 모두에게 상전이 되는 주께서 위에 계시기 때문입니다.

기독교 공동체는 내부에 의견의 차이기 있을 때 이 고난을 극복해야 합니다. 이 고난은 하나님이 구성원에게 준 은혜입니다. 왜 그것이 은혜가 됩니까? 이 고난을 어떻게 기독교인이 슬기롭게 극복하는지 본을 보임으로 세상 사람들에게 주를 증거하는 영광을 얻을 수 있기 때문입니다.

기도

주님이시여, 힘이 없는 자들이 종입니다. 그러나 오래 참고 순종하게 해 주십시오. 상전들에게 공갈을 그치도록 해 주십시오. 그러나 종래에는 주의 뜻이 이루어지기를 빕니다. 아멘.

통성기도

너는 내게 부르짖으라 내가 네게 응답하겠고
네가 알지 못하는 크고 은밀한 일을 네게 보이리라.

예레미야 33 : 3

2004년 9월 14일부터 18일까지 오산리 최자실 금식기도원에서는 세계기독군인대회가 열렸습니다. 십 년마다 한 번씩 열리는 큰 대회인데 그 해에는 이필섭(전 합참의장) 장로가 세계기독군인회(AMCF)에 10년 만기의 회장으로 초대되어 특별히 우리나라에 유치하게 되었습니다. 세계 134개국에서 외국인 618명이 참석하였습니다(내국인 포함 3,000여 명). 대회기간에는 기독군인회 활성화 방안, 이슬람권 전도 방법론, 군 선교에 있어서의 여성의 역할 등 다양한 페이퍼 발표와 토론이 있었다고 합니다.

저는 그때 토론회 사회를 맡았던 한 한국기독군인회의 임원으로부터 다소 이색적(?)인 이야기를 들었습니다. 그는 토론이 종반에 이

르자 다 같이 통성기도를 하자고 제의했고 그는 한국 방언(한국어)으로 기도를 하겠다고 말했다 합니다. 이때 반주자가 조용히 피아노를 치려고 한 소절쯤 진행했는데 한 회원이 손을 내저으며 피아노 연주를 중지하도록 사회자에게 건의했습니다. 사회자는 그의 의견을 즉시 받아들여 연주 없이 조용한 가운데 마무리 기도를 마치고 회의를 끝내려 하는데 다시 회중에서 약간 의외라는 표정을 지으며 자리를 뜨지 않고 더 머물러 있다가 산회했답니다. 회의 후 사회자는 회의를 마치고 외국의 국제기독교 모임에 경험이 많은 몇몇 한국 분에게 그 연유를 물어 보았더니 기도를 했으면 얼마 동안은 응답을 기다리는 관행 때문에 그랬을 거라는 말을 들었다 합니다.

이 이야기를 듣고 '통성기도는 언제부터 시작되었을까' 하고 생각하게 되었습니다. 흔히 1907년 평양 대부흥회가 있을 때 길선주 목사의 새벽기도 운동 때부터라고 합니다. 그때 집회는 대개 사경회였는데 이길함(Graham Lee) 선교사의 짤막한 설교 후 두세 사람에게 기도를 청했는데 20여 명 이상이 함께 소리 질러 기도했다는 것입니다. "그렇다면 모두 함께 기도하자."는 소리가 떨어지자 함께 통성기도를 시작했는데 죄를 자복하고, 땅을 치고…… 이렇게 기도회는 새벽 두 시까지 계속되었는데 통성기도는 많은 물소리가 쏟아지는 것 같았다는 것입니다. 그보다도 먼저 1904년 여름 하디(Robert

A. Hardie ; 캐나다 선교사)의 주도로 열린 제직사경회 때는 통회하는 곡성이 마치 상가와 같았다고 한국기독교회사가 쓰고 있는 것을 보면 통성기도는 그보다도 먼저 있었던 것 같습니다. 아무튼 이런 통성기도는 한국에만 있는 기도 운동이고 이것이 한국교회의 부흥을 가져온 한 원동력이 되었다고 믿고 있습니다.

음악을 틀고 시끄럽게 기도하는 것에 대해서는 이렇게 말하는 사람이 있습니다.

"통성으로 할 때는 시끄럽고 아무 생각도 나지 않아도 무조건 크게 하나님을 부르며 기도하세요. 옆 사람의 눈치를 보지 말고, 옆 사람 음성이 안 들릴 정도로 그냥 큰 소리로 아무도 없다고 생각하며 하나님만 찾으세요. 하나님께서 찾아오실 것입니다."

그런데 지금의 통성기도는 참회하는 기도라기보다는 자기의 답답하고 막막한 심정을 소리 높이 외치고 카타르시스를 느끼는 그런 기도와 같다는 생각을 하게 됩니다. 우리 인간은 아들 둘이 동시에 요구사항을 말해도 알아듣기가 힘듭니다. 그러나 하나님께서는 수억 명이 동시에 소리 높이 외쳐도 각 사람의 호소를 따로 따로 알아들으시니 감사한 일입니다.

저는 다시 한 초신자가 무심히 뱉으며 한 말을 지금도 기억합니다. "근데 설교가 막 끝날 무렵 사람들이 훌쩍훌쩍 울기 시작하더라고요. 그러더니만. 목사님 말이 끝나기 무섭게 막 사람들이 울면서 기도하는 거예요. 그러더니 막상 끝나고 나니 내가 언제 울었냐는 듯 눈물을 뚝 그치고 웃으면서 나가던데 이런 기도를 무슨 기도라고 하는 거예요?"

저는 이런 초신자의 말을 생각하며 기도 후 바로 자리를 뜨는 행위는 어찌 보면 하나님께서 응답을 주시는 방법의 다양함에 순진하게 대응하지 않는 '무례한' 모습일 수도 있다는 생각을 하게 되었습니다. 기도의 응답이 구체적으로 없다고 할지라도 기도한 내용을 두고 성경 말씀을 통해 또는 구체적인 음성을 통해 주께서 뭐라고 하실지 하나님께 말씀하실 시간을 드려야 한다고 생각합니다.

기도

주님, 전통적인 한국의 기도문화는 영원히 보존되어야 하는 것입니까? 순종하오니 그 와중에서도 성령과 함께 기도함으로 응답을 확신할 수 있게 해 주십시오. 아멘.

부자 교인들이여

> 또 내 이름을 위하여 집이나 형제나 자매나 부모나 자식이나 전토를 버린 자마다 여러 배를 받고 또 영생을 상속하리라.
>
> 마태복음 19:29

　기독교인은 세상을 즐기며 살 수 없는가? 기독교인이 호화로운 식당에서 식사를 하거나 골프를 즐길 때는 자기 교회 교인을 만날까봐 안절부절못합니다. 또 여행을 갈 때도 성지순례를 가는 때를 제외하고는 가까운 친구에게도 절대 다른 사람이 모르게 하라고 신신당부하고 몰래 슬쩍 다녀옵니다. 무슨 죄를 지었습니까? 돈이 많은 교인은 으레 교회에 귀한 손이나 강사가 올 때마다 접대를 도맡아 해야 합니다. 그때 같이 대접을 받은 교인들은 상은 천국에 가서 하나님께 받으라고 비꼬듯이 말하는데 꼭 구약시대 세리를 대하듯 합니다.
　마가복음 10장에는 좀 더 심한 말이 나옵니다.

✝ 야곱의 사닥다리는 하늘에 닿았는가

"예수께서 이르시되 내가 진실로 너희에게 이르노니 나와 복음을 위하여 집이나 형제나 자매나 어머니나 아버지나 자식이나 전토를 버린 자는 현세에 있어 집과 형제와 자매와 어머니와 자식과 전토를 백배나 받되 박해를 겸하여 받고 내세에 영생을 받지 못할 자가 없느니라."(막 10 : 29, 30)

즉 전토를 버리고 부모형제를 버려야 현세에서도 백배를 받고 죽어서는 영생을 받는다는 말입니다. 어떻게 5계명을 어기고 부모를 버릴 수 있습니까?

이런 구절을 보면 기독교인은 가난하고, 고난을 받으며 살아야지 좋은 집, 좋은 차를 가지고 즐겁게 세상을 살면 안 된다는 생각을 하게 됩니다. '땅과 집이 있으면 다 팔아서 교회에 바치고 함께 가난하게 살아야지 왜 너만 떵떵거리고 사느냐?' 하고 비난하는 것 같아 개척교회에는 출석하기가 더 어렵습니다.

물질에 대한 탐욕 못지않게 혈육의 정은 피처럼 짙어서 하나님을 따를 때 가끔 이들은 거침돌이 되기 쉽습니다. 이 방해물을 제거하지 않고는 하나님께 가까이 갈 수가 없습니다. 그래서 성경은 강경한 말로 물질에 대한 욕심을 내려놓고 부모 형제나 자신의 생계 때문에 주님 따르는 일을 소홀히 하지 말라고 경고하고 있습니다. 바나바는 밭이 있어 그것을 팔아 사도들 앞에 갖다 놓으니 교인이 핍

절함이 없었다고 합니다. 물질에 대한 욕심을 내려놓은 좋은 예입니다. 갈릴리 해변에서 바다에 그물을 던지던 베드로와 안드레는 "나를 따라 오너라"는 예수님의 음상을 듣고 곧 그물을 버리고 따랐습니다. 부모와 생계를 돌아보지 않은 예입니다. 이런 일들이 의무가 아니고 하나님의 부름에 대한 응답이었습니다.

부자 교인들은 주님과 동행하고 주님의 사랑에 응답하고 사는 훈련을 해야 합니다. 재물은 하나님의 축복입니다. 하나님의 청지기로서 재물을 슬기롭게 쓰기를 하나님은 원합니다. 주님의 부름에 기쁘게 응답할 수 있으면 부자라도 죄의식을 느끼지 않고 주 안에서 즐거운 삶을 살 수 있습니다.

기도

부자 교인들이 교회에 나올 때, 부자라는 이유로 죄의식을 갖지 않기를 바랍니다. 깊은 신앙을 주시어서 말씀에 순종하고 응답하며 사는 삶이 되기를 원합니다. 아멘.

✝ 야곱의 사닥다리는 하늘에 닿았는가

붕어빵

> 그 너비와 길이와 높이와 깊이가 어떠함을 깨달아 하나님의 모든 충만하신 것으로 너희에게 충만하게 하시기를 구하노라.
>
> 에베소서 3 : 19

어린애가 아버지와 똑같이 생겼으면 우리는 붕어빵 같다고 말합니다. 어린애가 귀여울 때 그런 말을 잘합니다. 그런데 그 애가 하는 말이 아버지의 말씨와 똑같으면 더욱 신기합니다. 그뿐 아니라 그 애의 걷는 모습이나 하는 행동도 아버지와 똑같으면 말할 것도 없이 붕어빵입니다. 어떻게 그렇게 같을 수가 있습니까? 애가 아버지를 졸졸 따라다니며 말하는 것이나 걷는 것을 흉내 내기 때문입니다. 그 애를 보면 바로 아버지를 보는 것과 똑같습니다. 이 어린애가 어떻게 말을 배우게 되었을까요? 아버지가 하는 말을 그대로 따라 함으로 말을 배운 것입니다.

우리는 어릴 때 육신의 아버지를 따라다니듯 지금 주를 따르며 사랑하고 있는 것일까요? 우리가 주를 졸졸 따라 다녔다면 주님의 어떤 말씀을 들었을까요? 그 말씀은 성경에 기록되어 있습니다. 우리가 주와 함께 살았다면 주님의 말을 흉내 내어 말을 배웠을 것입니다. 성경에 써진 말과 세속적인 말은 어떻게 다릅니까? 성경에는 주님의 속성을 계시하는 내용으로 충만해 있습니다. 따라서 성경을 열심히 읽고 묵상하며 주와 함께 살고 있다면 우리는 주를 닮아가고 주의 붕어빵이 되는 것입니다. 생각할 때 주님처럼 생각하고, 기도할 때 성경에 있는 약속의 말씀을 따라 기도하고, 행할 때 주님처럼 행하는 것입니다.

　기도할 때 성경에 있는 말씀을 흉내 내어 말을 배우는 어린애처럼 기도합니다. 저는 가정예배 때 끝에는 주기도문을 합니다. 그러나 자녀들을 위해 기도할 때는 해마다 성경에 있는 기도문을 정하고 일 년 동안은 야베스의 기도를, 다음 해에는 에베소서 3 : 16~19, 그 다음 해에는 민수기 6 : 24~26…… 이렇게 돌려가면서 자녀를 위한 기도 끝에 성경의 말씀을 따라 합니다. 말씀을 따라 기도하면 마치 자기가 하나님의 붕어빵이 되어 가는 것처럼 흐뭇합니다. 이렇게 습관이 들다 보니 성경에서 쓰는 언어와 전혀 상관없는 문체로 기도하는 음성을 들으면 신선하다는 생각은 하면서도 가끔 붕어빵과는 같지 않다는 생각이 들 때도 있습니다.

✝ 야곱의 사닥다리는 하늘에 닿았는가

이것은 어림없는 생각이지만 제가 예수님과 붕어빵 같다는 말을 한 번이라도 듣게 된다면 얼마나 행복할까 하는 생각을 합니다. 나를 다 비우고 주님의 광대하심과 권능과 영광과 이김과 위엄이 제 마음을 충만하게 채우기를 간절히 원합니다. 또한 내 마음을 충만하게 채운 소망과 기쁨이 말과 행위로 나타나기를 원합니다. 그러나 육신으로는 늘 죄의 법을 섬기고 있으니 이런 글을 쓰고 있는 내가 위선자라는 생각을 하며 기도할 따름입니다.

기도

주님의 붕어빵이 되기를 원합니다. 주님처럼 말하고 주님처럼 행동할 수 있기를 소망합니다. 아멘.

형식과 위선

> 내가 네 집에서 수소나 네 우리에서 숫염소를 가져가지 아니하리니 이는 삼림의 짐승들과 뭇 산의 가축이 다 내 것이며 산의 모든 새들도 내가 아는 것이며 들의 짐승도 내 것임이로다.
>
> 시편 50 : 9~11

교회에 처음 나오는 분들 중에는 교회가 돈을 너무 밝히고 돈을 너무 걷어서 싫다는 사람이 있습니다. 어떤 모임에서 귤을 손으로 짜는 시합을 했다고 합니다. 역도선수, 유도선수, 씨름선수, 기계체조 선수…… 이렇게 힘 좀 쓴다는 사람은 다 모였는데 결국 우승한 사람은 호리호리 깡마른 중년 신사였습니다. 궁금해서 당신은 뭘 하는 사람이냐고 물었더니 자기는 교회 재정장로라고 했다 합니다. 이 풍자는 교회가 헌금을 너무 짜서 거두어간다는 이야기입니다. 십일조 헌금, 주일 헌금, 감사 헌금, 건축 헌금, 선교 헌금, 구역 헌금, 특별 헌금……, 이루 헤아릴 수 없는 종류의 헌금들이 있습니다. 헌금은 교회에 바치는 것이고 결국 하나님께 드리는 것입니다. 내

돈을 바치는 것이 아니고 원래 하나님의 것이었는데 내가 관리하고 있다가 그 일부를 떼어 하나님께 드리는 것입니다. 그럼 일정액을 교회에 바치고 나면 나머지는 내 마음대로 쓸 수 있는 것입니까? 아닙니다. 그 나머지도 하나님의 것입니다. 그래서 나머지도 하나님의 뜻에 맞게 써야 합니다.

아삽은 뛰어난 레위지파의 음악가로 다윗과 솔로몬의 시대에 합창단의 악장으로 있었고 언약궤 앞에서 제금을 쳤습니다. 그는 이 활동을 하는 동안 이스라엘 백성들이 여호와께 제물을 바치는 것을 얼마나 많이 보았겠습니까? 그런 그가 시 50편에서 노래합니다. 하나님은 그들 집에서 수소나 숫염소를 가져가지 않는다는 것입니다. 왜냐하면 삼림의 짐승들과 뭇 산의 가축이나 모든 새들과 들의 짐승까지 다 하나님 자신의 것이기 때문입니다. 그러면서 이스라엘 백성에게 재앙을 선포하십니다. "하나님이 자기의 백성을 판결하시려고 위 하늘과 아래 땅에 선포하여 이르시되 나의 성도들을 내 앞에 모으라 그들은 제사로 나와 언약한 이들이니라 하시도다." (시 50 : 4, 5).

왜 그렇습니까? 모든 제사가 알맹이 없는 형식에 그치기 때문입니다. 기쁨과 감사와 진정이 빠진 제물만 바치기 때문입니다(시 50 : 14). 하나님의 백성이 그 삶에서 감사와 기쁨과 진정을 빼버린 예물을 드린다면 이것은 하나님이 싫어하는 형식적인 예물입니다.

만일 헌금 때문에 괴로워하는 분이 있으면 바울에게 물어 보십시오. 아마 그는 "각각 마음에 정한 대로 할 것이요 인색함으로나 억지로 하지 말라."고 할 것입니다.

한 전도사가 결혼을 하면서 많은 축하객을 만났는데 꼭 나타날 줄 알았던 친구가 보이지 않은 것이 서운했습니다. 그런데 예식이 끝난 후 로비에서 숨을 몰아쉬며 달려온 친구의 아내를 만났습니다. 그녀는 해남에서 버스로 8시간 넘게 달려왔는데 고속도로가 막혀 늦었다면서 뇌성마비의 남편이 12시까지 하루 종일 번 돈 전부와 사과 한 봉지를 들고 와서 전해 주었다고 합니다. 이런 예물을 하나님은 기뻐하실 것입니다.

기도

우리의 헌신과 바치는 물질이 주님이 기뻐 받으시는 것이 되기를 기원합니다. 아멘.

죽어야 영생에 들어가는가?

> 내가 진실로 진실로 너희에게 이르노니 내 말을 듣고 또 나 보내신 이를 믿는 자는 영생을 얻었고 심판에 이르지 아니하나니 사망에서 생명으로 옮겼느니라.
>
> 요한복음 5 : 24

장례식장에 가면 이렇게 기도하는 것을 가끔 들을 수 있습니다. "이제 이 험한 세상의 고생과 수고가 다 지났으니 광명한 천국에서 편히 쉬소서. 주님이 예비한 그 집에서 영생의 복락을 누리시기를 빕니다."

사탄이 다스리고 있는 이 세상은 전쟁과 기아와 사기와 헤게모니 쟁탈과 착취와 생존 경쟁과 살인과 음란 행위로 아비규환인데 그 고생이 끝났으니 천국에서나 영생의 복락을 누리라는 기원입니다. 천국을 다녀온 사람들의 이야기를 들으면 그곳은 지상에 있는 화려한 모든 것은 다 있는데 최근에 다녀 온 사람일수록 그 규모가 웅장해진다는 것입니다. 그렇게 천국은 황금만능인 곳인데 전쟁과 질

투와 기근까지 없으니 정말 편히 쉴 수 있고 영생하고 싶은 곳이라는 착각을 줍니다. 그런데 천국은 영계이고 썩어 없어질 물질은 없는 곳입니다.

로마서 6 : 22 등을 보면 "그러나 이제는 너희가 죄로부터 해방되고 하나님께 종이 되어 거룩함에 이르는 열매를 맺었으니 그 마지막은 영생이라"고 말해서 바울은 사후에 받을 영생을 말했습니다. 그러나 요한은 그렇지 않았습니다. 요한복음 5 : 24에는 "나 보내신 이를 믿는 자는 영생을 얻었고"라고 영생을 얻었다고 말하고 있습니다. 현세에서 영생을 얻었다는 말은 무슨 뜻입니까?

"영생은 곧 유일하신 참 하나님과 그가 보내신 자 예수 그리스도를 아는 것"(요 17 : 3)이라는 것임을 생각할 때 영생은 예수 그리스도를 믿을 때 새롭게 거듭나서 그를 알고 그와의 새로운 관계에 들어가는 것이라고 볼 수 있습니다. 그렇다면 우리가 예수를 영접하는 순간에 하나님께서 선물로 주신 영생의 복을 현세에 누려야 할 것입니다. 제가 대학에서 가르칠 때 한 여학생이 자기는 빨리 늙었으면 좋겠다는 말을 해서 깜짝 놀란 적이 있었습니다. 이유는 이 세상에는 너무 유혹이 많아 자기는 그것을 이기고 천국에 갈 자신이 없다는 것이었습니다. 예수와 함께 나를 십자가에 못 박아버리면 육신의 정욕과 안목의 정욕과 이생의 자랑도 다 사라져 버리고 사후의 천국을 지금 체험할 수 있다고 생각합니다. 성령이 내 안에서 고난 당할 때는 기도하게 하고 즐거울 때는 찬송하게 하며 능히 모든 어려움을 이기게 해 준다면 현세에 우리 안에 천국을 체험하는 영생이 있음을 보게 될 것입니다.

기도

영생은 주님께서 주시는 것임을 믿습니다. 주와 함께 죽고 멸망에서 생명으로 옮겨 주와 함께 사는 영생의 기쁨을 맛보고 싶습니다. 아멘.

옳지 않은 예화가 주는 선한 교훈

> 주인이 이 옳지 않은 청지기가 일을 지혜 있게 하였으므로 칭찬하였으니 이 세대의 아들들이 자기 시대에 있어서는 빛의 아들들보다 더 지혜로움이니라 내가 너희에게 말하노니 불의의 재물로 친구를 사귀라 그리하면 그 재물이 없어질 때에 그들이 너희를 영주할 처소로 영접하리라.
>
> 누가복음 16 : 8~9

    누가복음 16장은 '부'에 대한 주제로 예수님이 말합니다. 전반부는 제자들에게 그리고 후반부는 바리새인에게 하신 말씀입니다. 전반부에 대해 묵상해 봅니다. 어떤 부자가 자기의 재산을 잘 관리하지 못한 종을 해직하겠다고 통고합니다. 그러자 이 청지기는 주인에게 빚진 자를 불러서 기름 백 말을 빚진 자는 증서에 오십이라고 쓰고, 밀 백 석을 빚진 자에게는 증서에 팔십이라고 쓰도록 해서 빚을 탕감해줍니다. 쫓겨난 후에 자기를 영접할 친구를 사귄 것입니다. 이 말을 들은 주인이 이 옳지 않은 청지기를 칭찬했습니다. 우리도 이렇게 부정을 저지르라는 말입니까? 이 나쁜 짓을 통해 우리에게 어떤 선한 교훈을 주시려는 것입니까?

✝ 야곱의 사닥다리는 하늘에 닿았는가

예수님은 이 세대의 아들들(불의한 청지기들)이 빛의 아들들(제자들)보다 지혜롭다고 말하며 불의한 재물로 친구를 사귀라고 말합니다. 불의한 청지기와 제자를 구별해서 제자들에게 따로 교훈을 주신 것입니다. 재물은 썩어지고 없어지는 것입니다. 재물에 눈이 어두워 그것의 종 노릇을 하지 말고 이 재물을 종으로 삼아 친구를 하나님 나라의 백성으로 만들면 세상 끝 날에 불의한 재물로 사귄 친구들이 영원한 처소에서 제자들을 영접할 것이라는 교훈으로 생각됩니다.

가난하게 살던 한 목사가 갑자기 교통사고로 세상을 떠나게 되었습니다. 조문객 중의 한 사람이 목사님은 이 세상에서 너무 고생하니 하나님께서 그를 사랑하셔서 일찍 하늘나라로 데려 가신 것 같다는 말을 했습니다. 그러자 이 말을 듣고 있던 사모는 자기 생각으로는 목사님이 천국에 못 가셨을 것 같다고 말했습니다. 그 이유는 목사님은 어느 곳을 가든지 철저히 준비를 하고 가셨는데 천국 가는 준비는 한 번도 하는 것을 본 일이 없다는 것이었습니다. 그러자 옆에 있던 한 젊은이가 말했습니다.

"아닙니다. 목사님은 분명 천국에 가셨습니다. 이처럼 고생하고 가난하게 사신 것도 다 우리 같은 고아를 돌보고 등록금도 대주고, 학교를 다니게 하기 위해서였습니다. 목사님은 자기 자신의 유익을 위해 무엇을 준비하시는 분은 아니셨습니다. 그러나 하늘 보좌에 앉으신 하나님께서 언제 부르셔도 칭찬받을 수 있도록 늘 준비하고 계셨습니다."

그 젊은이는 평소에 못 보던 청년이었습니다.

기도

우리는 주님의 청지기입니다. 선하게 물질을 관리할 수 있게 해 주십시오. 아멘.

† 야곱의 사닥다리는 하늘에 닿았는가

바라지 말고 주라

> 주라 그리하면 너희에게 줄 것이니 곧 후히 되어 누르고 흔들어 넘치도록 하여 너희에게 안겨 주리라 너희가 헤아리는 그 헤아림으로 너희도 헤아림을 도로 받을 것이니라.
>
> 누가복음 6 : 38

누가복음 6 : 17~49절에는 예수님께서 12제자를 부르시고 평지수훈(산상수훈이 아닌)을 제자들에게 하신 내용이 나옵니다. 복과 화에 대해 말씀하시고 이어서 사랑을 통해서만 진정한 의는 드러난다고 말했습니다. 특히 베푸는 일에 대해 "주라 그리하면 너희에게 줄 것이니 곧 후히 되어 누르고 흔들어 넘치도록 하여 너희에게 안겨 주리라"고 말했습니다. 이 말을 우리는 하나님께 물질을 투자하면 하나님께서 백 배, 천 배의 물질로 돌려주신다고 생각하는 경향이 있습니다. 물론 하나님께서는 이 선한 행위를 기억하실 것입니다(히 6 : 10). 그러나 하나님께서 주시는 상은 이 세상에서 물질로 되돌려 줄 수도 있지만 그보다는 하늘의 상(마 19 : 21, 막 10 : 21)입니다. 누가복음 6 : 35에서는 아무 것도 바라지 말고 주라고 말하고 있습니다.

구례군 토지면 오미리에 가면 운조루(雲鳥樓)가 있습니다. '바람 따라 넘나드는 구름(雲)처럼, 자유로이 제 집 찾는 새(鳥)처럼' 찾으라는 누각이라나요? 그런데 사실은 작은 누각이 아니고 99간이라는 큰 방들로 지금은 77간만 남았다는데 조선 후기 낙안 부사로 있던 류이주 씨가 지은 집(민속자료 8호)입니다. 이곳에는 지금도 원통형 뒤주가 있고 그 아래엔 조그마한 직사각형 구멍을 여닫는 여닫이가 있는데 '타인능해(他人能解)'라는 글씨가 선명히 씌어 있습니다. '누구라도 마음대로 열 수 있다'는 뜻입니다. 이 뒤주는 주인의 눈에 잘 띄지 않은 곡간에 있는데 당시 가난한 사람들이 수시로 드나들며 쌀을 가져갔던 곳입니다. 백미 세 가마쯤이 들어가는 이 뒤주에 들어간 쌀이 1년에 대략 36가마 분량이었다고 합니다. 주인은 매월 말에 뒤주에 쌀이 남아 있으면 하인을 크게 꾸중하고 남은 것을 마을 어려운 사람에게 다 나누어 주라고 했다는 것입니다.

류이주 씨는 아무 것도 바라지 않고 거저 준 사람입니다. 그런 분에게 하나님이 어떻게 후히 되어 누르고 흔들어 넘치도록 하여 돌려주었을까요?

하나님께서는 왜구의 정유재란, 동학란 그리고 6·25 때는 지리산의 빨치산까지도 이 집을 건드리지 않고 피해 가도록 하셨습니다.

✝ 야곱의 사닥다리는 하늘에 닿았는가

안 믿는 사람도 그렇게 큰 복으로 되돌려 주시는데 믿는 사람에게는 얼마나 큰 복으로 되돌려 주시겠습니까?

기도

주님, 내가 부자라면 얼마나 선한 일을 많이 할 수 있을까 하고 생각합니다. 그러나 내가 없을 때 내 살의 일부를 떼어주는 심정으로 없는 자를 돕기를 원합니다. 아멘.

하나님 나라의 확장

> 그러나 그 사람(나병환자)이 나가서 이 일을 많이 전파하여 널리 퍼지게 하니 그러므로 예수께서 다시는 드러나게 동네에 들어가지 못하시고 오직 바깥 한적한 곳에 계셨으나 사방에서 사람들이 그에게로 나아오더라.
>
> 마가복음 1 : 45

한 나병환자가 예수님께 고침을 받았습니다. 예수님께서 불쌍히 여기셔서 그를 고쳐주며 "삼가 아무에게 아무 말도 하지 말고 가서 네 몸을 제사장에게 보이라."(1 : 44)고 말했습니다. 나병환자가 정상적인 생활을 하려면 제사장의 승인이 필요했던 것입니다. 그러나 그는 이 일을 전파하여 널리 퍼지게 했습니다. 너무 감격해서 아무도 할 수 없는 일을 하신 예수님을 전파하지 않고는 견딜 수 없었습니다. 잘한 것일까요, 잘 못한 것일까요? 성경에는 예수는 (그 일 때문에) 다시는 드러나게 동네에 들어가지 못했지만 대신 사방에서 사람들이 그에게로 나왔다고 쓰고 있습니다. 예수의 사역에는 문제가 없었습니다. 그러나 지나친 열심 때문에 계획에 차질이 생긴 것입니다.

✞ 야곱의 사닥다리는 하늘에 닿았는가

테레사 수녀는 매우 내성적인 여성이었습니다. 그러나 인도 선교사로 지원하여 1929년 19살에 인도에 도착하여 수녀로서 수련을 받았습니다. 종신허원까지 했는데 세상의 어려운 사람들을 보자 수녀원 밖으로 나와야겠다는 생각을 갖게 되었습니다. 1949년 39세에 소속 수도원의 허가를 받고 최종적으로 바티칸 교황청의 허락을 얻어 바깥세상으로 뛰어들어 사망할 때까지 나병환자와 가난한 자와 사랑받지 못한 자와 버림받은 자들과 함께 험한 봉사의 삶을 살았습니다. 1950년 '사랑의 선교회'를 연 뒤 캠프벨 병원 근처에서 길가에서 죽어가는 사람을 발견하고 병원에 부탁해 보았지만 받아주지 않아 약을 사가지고 돌아와 보니 그는 이미 죽어 있었습니다. 이런 비참한 사람이 많은 것을 보고 1952년에는 '죽어가는 사람의 집'을 마련하였습니다. 버림받은 사람들이 죽음을 기다리며 수용되어 있는 집입니다. 이곳에 '사랑의 선교회' 수녀들이 봉사하고 있었는데 그 봉사원들과 테레사 수녀의 대화는 마더 테레사 전기에는 어느 곳에나 나와 있는 이야기입니다. 적어보면 다음과 같습니다.

"여러분은 미사를 드리는 동안에 신부님께서 얼마나 깊은 사랑으로 얼마나 조심스럽게 그리스도의 몸(성체)을 만지는가를 보셨을 것입니다. 여러분도 꼭 그와 같이 하십시오. 왜냐하면 예수님께서 그런 비참한 모습을 하고 그곳에 계시기 때문입니다."

거리에 봉사를 나간 수녀들은 3시간쯤 후에는 얼굴에 미소를 함빡 머금고 돌아온답니다. "무엇을 했나요?" "사람들이 길에서 한 남자를 데려왔는데, 온몸이 구더기가 끓었습니다. 그의 몸을 만지는 것은 어려운 일이었지만, 저는 예수님의 몸을 만지고 있다는 것을 깨달았습니다." 또 한 수녀가 이렇게 대답합니다. "수녀님, 제가 그 남자를 만졌을 때만큼 그렇게 생생하게 그리스도의 현존을 느껴 본 적이 없었습니다."

수녀들은 예수님을 모시고 그리스도의 사랑을 실천하며 살고 있는 분들이었습니다.

테레사 수녀는 '때 묻은 어린 아이들의 집' 자활 공동체 '평화의 마을', '실다' 무료진료소, 교도소에서 구출된 소녀들의 집 '샨티 단(평화의 선물)' 등 많은 시설로 빈한한 인도의 백성들을 도왔습니다. 템풀턴상(1973), 노벨평화상(1979) 등 수많은 상을 받고 1997년 9월 5일 87세로 캘커타의 사랑의 선교회 본부에서 세상을 떴습니다. 그 때 그녀의 마지막 말은 "예수님, 당신을 사랑합니다. 예수님, 당신을 사랑합니다."라는 속삭임이었다고 합니다.

테레사 수녀의 서거 소식이 알려지자 사천 명이 넘는 애도자가 비속에 거리로 나와 흐느껴 울었다고 합니다. 인도의 국영 텔레비전 방송은 정규방송을 중단하고 성가와 조곡을 방송했으며 인도 정부는 별세한 9월 5일과 장례일인 9월 13일을 공식 추도일로 선포하고 조기를 게양하도록 지시했다고 합니다. 그리고 긴급 각의를 열어 장례식을 국장으로 하기로 결정했습니다. 인도의 국장은 대통령이나 총리에만 해당되는 예우인데 평민으로는 마하트마 간디 다음으로 외국인이었던 테레사 수녀가 두 번째라고 합니다. 무엇보다도 힌두교(82%)와 무슬림(11%)이 대종을 이루는 나라에서 기독교인과 비기독교인의 경계를 넘어서서 존경하는 마음으로 하나가 되었다는 것은 놀라운 일입니다. 하나님 사랑의 실천은 인종과 종교를 뛰어넘는 것 같습니다.

단군상의 목을 떨어뜨리고, 사찰에 불을 지르는 지나친 열성 말고 테레사 수녀처럼 하나님의 사랑을 실천함으로 하나님의 나라를 확장할 수는 없는 것일까요?

기도

하나님의 나라가 평화를 만드는 사람들의 손을 통해 확장되어 가는 것을 감사합니다. 아멘.

새벽송

> 우리가 선을 행하되 낙심하지 말지니
> 피곤하지 아니하면 때가 이르매 거두리라.
>
> 갈라디아서 6 : 9

1950년대에는 지금처럼 교회가 많지 않아서 새벽에 교회에서 종소리가 울려도 공해라고 생각하는 사람은 없었고 오히려 그 종소리에 위로를 받고 새 삶을 시작한 사람도 많았습니다. 또 크리스마스에는 성탄 축하 새벽송이라는 것을 했는데 고요한 밤공기를 울리는 찬송 소리가 그렇게 거룩하게 들릴 수가 없었습니다.

1954년 12월 25일, 저는 교회도 안 나가는 사람이었기 때문에 늘 어지게 잠을 자고 일어났습니다. 그런데 기분이 너무 좋았습니다. 꿈에 황홀한 찬양 소리와 함께 제가 천사의 손에 안겨서 하늘로 떠받들리는 것 같은 느낌을 가졌기 때문입니다. 일어나서 쌀을 씻으려고 물을 길으러 나갔는데 우물가의 주인아주머니가 이상한 소리

✝ 야곱의 사닥다리는 하늘에 닿았는가

를 했습니다. 어느 여학생들이 이른 새벽에 오래도록 찬송을 부르고 돌아갔다는 것이었습니다. 나를 전도하던 동창생 여학생이 자기 교회학교 학생들을 데리고 온 것이 분명했습니다. 후에 물었더니 '고요한 밤'을 3절까지 부르고 갔다고 했습니다. 저는 그때 '새벽송'이 나오면 불을 켜고 밖으로 나와 같이 찬송을 부르다가 끝나면 손뼉을 치고 맛있는 간식거리를 손에 들려보낸다는 것도 모르고 있을 때였습니다.

까맣게 잊어버렸던 일이 52년 만에 생각이 났습니다. 우리 교회가 이번 크리스마스 이브에는 '새벽송'을 나가자고 했기 때문입니다. 그때는 가로등도 없는 황톳길을 걸어서 종이 등을 만들어 들거나 손전등을 비추며 찾아다녔는데 이번에는 네온사인이 휘황한 도시 길을 크리스마스 이브 저녁 행사를 마치고 교인들이 종이컵에 촛불을 밝히고 행진하자는 것이었습니다. 전통적인 의식과 행사를 답습하는 것은 좋은 일 같았지만 시골도 아니요 고요한 새벽도 아닌 심야의 행진은 흥분된 영혼을 진정시키고 갈급한 영혼을 초청하기는 어려울 것 같았습니다.

21세기의 '새벽송'에 부정적인 생각을 가지면서 저는 그때 저를 아끼고 열심히 전도하던 여학생의 열정을 생생하게 기억했습니다. 비록 당시는 아무 열매를 못 맺었다 할지라도 "우리가 선을 행하되 낙심하지 말지니 피곤하지 아니하면 때가 이르매 거두리라."(갈 6 : 9)는 말씀이 이루어졌다고 꼭 그 여학생에게 전하고 싶어졌습니다. 그녀는 결혼을 해서 미국으로 떠난 지 오래 되었다는 말밖에 들은 것이 없습니다. "내가 복음을 전할지라도 자랑할 것이 없음은 내가 부득불할 일임이라 만일 복음을 전하지 아니하면 내게 화가 있을 것이로다."(고전 9 : 16) 이 말씀으로 그녀는 분명 위로를 받고 있을 것입니다.

지금 저는 장로가 되어 그 여학생에게 감사하고 있습니다.

'새벽송', 지금도 누군가에게 큰 감명을 준다고 생각하고 계속 해야 되는 것일까요?

기도

'새벽송'은 그 자취를 감추고 있습니다. 그러나 우리의 잠든 영혼을 깨우는 '새벽송'의 정신은 영원히 살아 있기를 빕니다. 아멘.

대림절의 마음가짐

> 시므온이 아기를 안고 하나님을 찬송하여 이르되 주재여 이제는 말씀하신 대로 종을 평안히 놓아 주시는도다 내 눈이 주의 구원을 보았사오니 이는 만민 앞에 예비하신 것이요 이방을 비추는 빛이요 주의 백성 이스라엘의 영광이니이다 하니.
>
> 누가복음 2 : 28~32

위 글은 시므온의 노래 또는 고별의 노래(Nunc Dimittis)라고 불리는 것으로 "저가 주의 그리스도를 보기 전에는 죽지 아니하리라"는 성령의 지시를 받았던 경건한 유대인 시므온이 예수의 부모가 성전으로 아이를 데리고 왔을 때 예수를 안고 부른 노래입니다. 당시 하나님의 아들이 육신을 입고 어린아이로 세상에 오셨지만 그를 구세주로 인정하여 영접한 사람이 거의 없었습니다. 구세주가 나약한 어린애로, 냄새 나고 쇠파리가 들끓는 마구간에서, 흔한 이름을 가진 목수 요셉의 아들로 태어날 것은 상상도 못하였습니다. 구약에서는 예수님께서 오실 것을 구체적으로 300회 이상 예언했지만 자기들을 구원할 구세주가 그런 모습일거라고 상상할 수 없었습니다.

그들은 당시 로마의 개선 장군 같은 또는 불의를 심판하고 로마의 학정에서 자기들을 구원할 위대한 왕을 기다렸던 것입니다. 어린아이의 모습에서 장차 떠오르는 공의로운 해를 보고 그에게서 치료하는 광선이 나와 이스라엘 백성이 외양간에서 나온 송아지처럼 해방이 되어 뛰어놀게 될 것을 본 사람은 오직 애타게 기도하며 메시아를 고대하던 시므온이나 과부된 안나 할머니 정도였습니다.

이런 이야기가 있습니다. 안드로메다에 있는 외계인이 지구에서 일어나고 있는 새로운 사실을 탐사하기 위해 지구를 방문하여 최근 어떤 변화가 있었는지 물었습니다. 지구인들은 컴퓨터가 극도로 발달했으며 우주선을 띄워 위성 통신도 하게 되었다고 말했습니다. 그러나 우주인은 그런 일은 자기네 나라에서는 흔한 일이기 때문에 관심이 없다고 말하며 들리는 바에 의하면 하나님께서 직접 지구를 방문하셨다는 말이 있는데 그것이 사실이냐고 물었습니다. 2,000여 년 전에 그런 일이 있었다고 말하자 그 이야기를 더 자세히 해 달라고 했습니다. 지구인은 열적은 얼굴을 하며 자기들이 그를 죽여 버렸다고 말했다는 것입니다.

지금 그 외계인이 또 와서 여러분이 죽인 하나님께서 부활하셨다가 예상하지 못한 때에 재림한다는 말이 있는데 그것을 믿느냐고 묻는다면 우리는 어떻게 대답할까요?

✝ 야곱의 사닥다리는 하늘에 닿았는가

교회에서는 예수님 오신 날 4주 전부터 대림절을 지키고 있습니다. 이 계절에 우리는 무엇을 기다립니까? 기다린다는 것은 약속을 믿고 소망을 가지고 영광스러운 앞날을 기다린다는 말입니다. 예수님의 강림을 기다립니다. 예수님의 초림과 재림, 즉 이미 세상에 오신 예수 그리스도와 재림하실 주님을 기다리는 것입니다. 이미 오신 주님이지만 아직도 내 마음이 준비되지 않아 문밖에 서 계신 예수님에게 문을 열고 들어오시기를 기다립니다. 대림절 첫째 주에는 보라색 초에, 둘째 주에는 연보라색, 셋째 주에는 분홍색, 넷째 주에는 흰색 초에 하나씩 더 불을 밝혀가며 4주 동안 주의 강림을 기다립니다. 이미 예수님을 모셔 드린 사람은 '이미'와 '오실' 사이에서 주의 재림을 기다립니다. 여호와의 크고 두려운 날 하나님 보좌 우편에 앉으신 주의 영광에 참여하기 위해서 우리의 죄를 회개하며 그분의 오심을 깨어 기다립니다. 주가 재림하실 때 "속히 오시옵소서" 하고 당황하지 않고 예비된 모습으로 주를 맞을 준비를 합니다. 주신 은사로 주의 백성을 섬기며 떨리는 마음으로 깨어 근신하며 부활의 영광을 소망하는 기간이 대림절입니다.

기도
주 예수여 오시옵소서. 마지막 날 주의 재림을 기다립니다. 아멘.

두려워 말라

> 내가 네게 명령한 것이 아니냐 강하고 담대하라 두려워하지 말며 놀라지 말라 네가 어디로 가든지 네 하나님 여호와가 너와 함께 하느니라 하시니라.
>
> 여호수아 1 : 9

한 해를 마치고 새해를 맞는 지점에서 꼭 듣고 싶은 하나님의 음성은 '두려워 말라'는 것입니다. 지난 시간은 돌아볼 수 있지만 다가오는 시간은 불확실한 미지의 안개로 덮여 있기 때문입니다. 하나님께서 '두려워 말라'고 하신 경우는 제가 느끼기로는 세 가지로 나누어 생각할 수 있는데,

첫째는 자기가 해결할 수 있는 한계를 넘는 극도의 불안 가운데 방성대곡을 할 때 하나님께서 '두려워하지 말라'고 위로하시는 경우입니다. 하갈이 아들과 함께 쫓겨나서 마실 물도 떨어지고 기도할 말도 잃었을 때 아이도 울고 어머니도 방성대곡하였습니다. 그때 하나님께서 그 아이의 울음소리를 들으시고 "하갈아 무슨 일이냐

✝ 야곱의 사닥다리는 하늘에 닿있는가

두려워 말라."(창 21 : 17)고 하셨습니다.

두 번째는 앞날이 불안하여 하나님의 뜻을 물을 때입니다. 야곱이 모든 소유를 팔아 애굽으로 가기로 결정하고 브엘세바에서 제사를 드렸습니다. 아들 요셉이 있다고는 하나 하나님께서 약속하신 땅을 떠나 애굽으로 가는 일이 너무 걱정되었던 것입니다. 이때 하나님의 음성이 들려서 "애굽으로 내려가기를 두려워 말라"는 음성을 들려 주셨습니다.

세 번째는 여호수아에게 들려주신 '두려워 말라'는 음성입니다. 그는 모세를 대신해서 이스라엘의 지도자가 되었을 때 하갈처럼 두려워 방성대곡도 하지 않았고, "내가 이스라엘 지도자가 될 수가 있을까요?" 하고 하나님께 묻지도 않았습니다. 여호수아는 하나님께서 모세를 이어 지도자가 될 사람으로 예정하시고 훈련하셨으며 모세가 죽자 이제 그가 이스라엘 백성을 이끌고 가나안 땅으로 들어가라고 말씀하셨습니다. "강하고 담대하라 두려워하지 말며 놀라지 말라 네가 어디로 가든지 네 하나님 여호와가 너와 함께 한다"고 말씀하시며 그에게 힘을 실어 주셨습니다. 그는 예비된 지도자요 만들어진 지도자였습니다.

그는 애굽에서 살았으며 애굽을 떠나 홍해를 건너는 기적을 체험한 사람입니다. 광야에서 첫 대적 아말렉을 만나 싸울 때 모세의 손이 올라가면 그들이 이기고 내려오면 그들이 지는(출 17 : 12) 것을 보며 자기가 싸우지만 실제로는 하나님께서 뒤에서 싸우시는 것을 깨달은 장수였습니다. 그는 모세가 호렙산에서 십계명을 받을 때 수종을 들었던 사람이기도 합니다(출 24 : 13). 모세가 여호와의 회막에서 하나님과 대화할 때 회중은 다 장막문에 서서 예배하다가 모세가 나오면 흩어져 자기 회막으로 들어갔지만 여호수아는 결코 회막을 떠나지 않고 지켰던 사람입니다(출 33 : 11). 그는 또한 가나안을 정탐하고 돌아왔을 때 그들이 거인일지라도 하나님이 함께 하시면 그들은 이스라엘 백성의 밥이라고(민 14 : 9) 단호하게 말했던 사람입니다.

   이렇게 하나님이 어느 때고 쓸 수 있도록 그를 지도자로 훈련하셨습니다. 이렇게 주님으로 말미암아 예비된 사람은 그가 구하기 전에 '두려워 말라'고 주께서 용기를 주시는 것 같습니다.

   새해에 권고사직이 있을지라도, 무서운 병이 찾아올지라도, 예고하지 않은 재난이 찾아올지라도 언제나 하나님의 말씀으로 무장하고 깨어 연단을 하고 있으면 주께서 우리에게 "강하고 담대하라 두려워하지 말며 놀라지 말라 네가 어디로 가든지 네 하나님 여호와가 너와 함께 하느니라"고 말씀하실 것입니다.

기도

하나님의 깊은 은혜의 바다에 온 몸을 던집니다. 주께서 인도해 주십시오. "담대하라, 두려워하지 말라."는 말씀을 붙잡고 한 해를 살아가게 해 주십시오. 아멘.

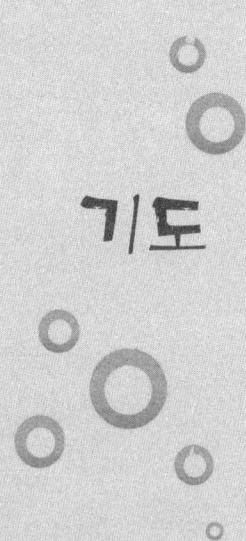

기도

가정주일에 드리는 아버지의 기도

수많은 인연 가운데 당신을, 나를 돕는 배필로 불러 부부로 살게 하신 것을 감사합니다. 당신은 나의 뼈요 나의 살입니다. 이제 아무도 우리를 갈라놓을 수 없는 한 몸입니다. 나는 연약하지만 당신을 지키는 방패가 되고 당신의 깃발이 되고 울타리가 되기를 원합니다. 주여, 원수 앞에서 내게 잔치를 베푸시고 나를 굳세게 하소서.

나는 고집 세지만 당신 앞에서는 순한 양입니다. 당신이 마련한 동산에서 쉬고, 동산의 우물에서 물을 마시며 담 넘어 더 푸른 남의 정원에 눈을 돌리지 않는 포만한 양입니다. 주는 나의 피난처이시오니 혹 악인이 나를 꾈지라도 숱한 가정들처럼 깨어져 기도가 막히지 않도록 나를 지키소서. 내가 먼저 죽을 때에도 아내를 사랑한다고 속삭이며 눈을 감겠사오니 주여, 버리지 마시고 떠나지 마시며 나의 가정을 지키소서. 사랑스러운 자녀들을 우리에게 허락하신 것을 감사합니다. 이들도 우리의 사랑을 배우고 느낄 수 있도록 주께서 저들과 항상 동행하소서. 우리가 힘들고 지쳤을 때 어떻게 인내로 주님의 자비를 기다렸는지 그들이 알게 하소서 혹 그들의 결정을 우리가 이해하지 못했을 때에도 주여, 사랑과 용서와 희생으로 그들을 기다렸음을 알게 하소서. 주의 얼굴을 우리에게 비추사 은혜를 베푸시며 우리 이웃이 부러워하는 가정이 되게 하소서. 가정 같은 직장, 가정 같은 사회, 가정 같은 나라로 확장되어 '내 주 예수 모신 곳이' 하늘나라가 되기를 간절히 소원합니다. 세상에서 일어나는 소름이 끼치는 끔찍한 암흑의 징조들이 주여, 가정에서 솟는 행복과 영광의 빛으로 힘을 잃게 하소서.

이웃의 죄는 우리 죄입니다. 길 잃은 양들은 다 우리 가족입니다. 우리 가정이 하나 되어 공동체의 죄를 회개하고 화해와 용서로 잃은 양들을 찾아 얼싸안게 하소서.

✝ 야곱의 사닥다리는 하늘에 닿았는가

부활절에 드리는 기도

주님이 우리를 사랑하사 죽기까지 순종하신 것을 감사합니다.

순종은 하나님의 사랑을 확증하시고 우리의 구원을 완성하셨습니다. 십자가 위에서 무리의 죄를 용서해 주도록 간구해 주신 것을 감사합니다. 간구는 주께서 하나님 우편에 앉아 계셔서 이 같이 우리를 중보해주실 것을 믿게 하나이다.

십자가 위에서 회개한 죄인을 용서해 주신 것을 감사합니다. 그것은 회개한 죄인은 생명으로, 거부한 죄인은 멸망으로 가는 것을 깨닫게 하나이다.

"다 이루었다"고 하나님의 사명을 완수하시고 떠나신 주님 감사합니다. 그것은 우리의 구원을 위해 더 이상 어떤 추가적인 행위도 요구하지 않으신다는 은혜의 말씀이기 때문입니다.

주님께서 우리에게 하늘 문을 여시고 새로운 소망을 주신 것을 감사합니다. 소망은 이제 우리의 죽음을 거두어 가시고 영생을 주시겠다는 뜻이기 때문입니다.

큰 지진과 함께 마리아에게 빈 무덤을 보여 주신 것을 감사합니다. 빈 무덤은 주님 부활의 증거입니다. 저희도 부활하여 하나님의 백성으로 살겠나이다.

의심하는 도마에게 나타나신 주님 감사합니다. 우리는 주의 옆구리에 손을 넣기 전에 주는 나의 하나님이라고 고백하게 하소서.

엠마오 도상에서 제자들과 동행해 주신 주님 감사합니다. 절망 가운데 엠마오로 내려가게 하지 마시고 기쁨으로 예루살렘으로 올라가게 하시옵소서.

부활하셔서 우리에게 성령을 주신 것을 감사합니다. 성령의 음성을 듣게 하소서. 사랑하게 하소서, 순종하게 하소서. 헌신하게 하소서. 부활절에 내게 오시옵소서. 제가 깨어 일어나겠나이다. 피 묻은 손으로 나를 어루만지소서. 제가 깨끗해지겠나이다. "나는 네가 좋다."고 말씀하소서. 그 힘으로 떨며 주를 사랑하고 이웃을 사랑하며 살겠나이다.

✝ 야곱의 사닥다리는 하늘에 닿았는가

8월에 드리는 교회 대표기도

하늘에 계신 하나님 아버지!

오늘도 하나님의 자비로 저희를 불러 주사 예배하게 하시니 감사합니다. 우리의 찬양과 기도와 헌신 가운데 주의 보좌를 펼치시고 주의 얼굴을 우리를 향해 비추시며 찬양 속에, 기도 속에, 말씀 속에 주님을 나타내 주시옵소서. 세속에 물든 저희 심령을 주의 보혈로 정결케 하시며 정결한 영을 새롭게 하시옵소서.

광복 62주년이 다가옵니다. 하나님께서 우리를 원수의 압제 하에서 풀어 주셨습니다. 그러나 다른 사람이 그어놓은 38선에 허리가 잘린 채 지금까지 분단의 고통을 앓고 있습니다. 다시 한 번 자비를 베푸셔서 우리의 소원인 통일을 앞당겨 주시옵소서. 7년 만에 다시 남북정상회담이 열리게 되었습니다. 남북이 화해하며 분단된 가운데서도 서로 도우며 살 수 있는 구체적인 협의가 있기를 바랍니다. 또한 평화협정이라도 할 수 있도록 대통령에게 하늘의 지혜를 주시기 바랍니다. 또 연말에는 이 나라를 이끌고 갈 새 지도자를 뽑게 되었습니다. 온 국민을 바르게, 정직하게 살게 하며 통일도 앞당길 수 있는 강력한 지도자를 예비해 보내주시옵소서. 또한 우리에게 바른 지도자를 뽑을 수 있는 눈도 허락하시옵소서.

교회를 위해 기도합니다. 평양 대 부흥 100주년이 되는 이 해는 회개하는 해가 되게 하시옵소서. 우리가 구원받았다고 하면서 하나님의 백성으로 합당한 삶을 살지 못한 것을 회개합니다. 잃어버린 영혼을 주님의 심정으로 측은히 여기지 못한 것을 회개합니다. 겸손하지 못하고 자기 의를 내세우는 바리새인 같은 삶을 산 것을 회개합니다. 그러나 주님의 백성들입니다. 주의 약속을 믿사오니 우리를 굳세게 하시며 도와주시며 주의 의로운 오른팔로 붙들어 주시옵소서.

이 시간에는 병석에서, 직장에서, 또는 여행하는 승용차 안에서 우리 교회의 방송예배에 동참하는 중부권 청취자들을 위해 기도합니다. 영혼이 수척해, 지친 분들이 오늘 선포된 말씀으로 말미암아 기쁨이 생수처럼 용솟음치는 능력을 체험하게 하옵소서. 예배에 동참함으로 우리 오정교회 성도들의 사랑이 청취자들에게 스며들어

✝ 야곱의 사닥다리는 하늘에 닿았는가

오래 전부터 서로 사귄 친구처럼 느껴지기를 간절히 기도합니다.

또한 아프간에 억류되어 있는 우리 동포를 위해 기도합니다. 하나님이여, 일어나소서. 하나님이여, 손을 드시옵소서. 압제자들을 향해 울부짖는 신음을 외면하지 마시옵소서. 억류된 동포들을 사랑하는 가족의 품에 돌려보내 주시옵소서. 세계와 온 교회의 주인이 되신 하나님이시여! 우리의 기도에 응답해 주시옵소서.

새 예배당 건축을 위해 기도하며 여러 방면에서 헌신을 넘치게 하시는 성도들에게 이 여름에 건강을 허락하시옵소서. 그리스도 안에서 영광 가운데 풍성한대로 그 가정들의 쓸 것을 넘치게 채워주시기를 기원합니다.

가을에 드리는 기도

주님이시여, 하늘이 높고 청명한 계절입니다.

이 가을에 기도하게 하소서 성령이여, 나와 함께 기도하게 하소서 우리의 기도가 내 뜻대로 하는 기도가 되지 않게 하시고 하나님의 마음에 합하는 기도가 되어 응답 받기를 원합니다. 우리 인간의 기도 속에 하나님의 음성이 녹아 있기를 빕니다.

이 가을에 찬양하게 하소서 창세전부터 우리를 지으시고 끝까지 사랑하심을 찬양하게 하소서. 원수 앞에서 내게 상을 차려 주시고 나를 높이실 때, 오, 찬양하게 하소서 주의 진노가 대적을 흩으심을 볼 때도 더욱 두려워 떨며 찬양하게 하소서 찬양으로 주를 사랑하

✝ 야곱의 사닥다리는 하늘에 닿았는가

게 되고 사랑으로 주와 친밀한 교제를 하게 되고 주님과의 교제 가운데 내가 찬양으로 주와 하나 되게 하소서

　이 가을에 회개하게 하소서 죄를 범한 것을 회개할 뿐 아니라 마땅히 해야 할 것을 행하지 못한 죄를 회개합니다. 기복신앙을 벗지 못하고 나 중심의 삶을 산 것을 회개합니다. 때로 건물을 교회로 인식하도록 연약한 영혼을 잘못 인도한 죄를 회개합니다. 물량주의로 경건을 버리고 세속주의에 영합한 것을 회개합니다. 자기 의를 내세우고 배타주의로 다른 사람을 살피지 못한 오만을 회개합니다. 나라와 세계가 멸망하는 것은 내 탓이 아니라는 기피의 죄를 회개합니다. 이 가을에 감사하게 하소서 주의 손가락으로 만드신 하늘과 땅이 얼마나 아름다운지요. 겨울에는 흰 눈으로 만물을 잠들게 하시더니 봄에는 눈 속을 헤집고 새 생명이 싹트게 하시고 여름에는 격렬한 폭우와 태풍으로 사랑과 징계의 모습을 보이시고 가을에 풍성한 열매로 주께 영광을 돌리게 하시나이다. 주의 섭리로 우리를 이 세상에 있게 하시는 하나님께 감사드립니다.

　이 가을에 주께 간구합니다.

　하나님 우편에서 우리와 함께 기도하시는 주님을 체험하며 사랑하게 하소서 내가 변화되고, 가정이 변화되어 이웃을 사랑하며 살게 하소서 교회가 변화되어 말씀을 묵상하며 선교하고 구제하는 교

회되게 하소서 지역사회에서 봉사함으로 빛이 되고 소금이 되게 하소서. 사리사욕을 버리고 정직하게 나라를 사랑하는 일꾼을 보내주시옵소서. 계시의 영을 주시어서 나라의 장래를 주의 눈으로 볼 수 있게 하시옵소서.

† 야곱의 사닥다리는 하늘에 닿았는가

오승재

1933년 전남 강진 출생. 한남대학교를 거쳐 북 텍사스 주립대학 박사학위를 받았다. 현재 한남대학교 명예교수로 재직 중이며 기독교문인협회 회원, 장로문인협회 부회장으로 활동 중이다. 1950년 한국일보 신춘문예 소설 부문 당선, 한국문학비평가협회 작가상 수상, 제9회 장로문학상 수상 경력이 있다. 주요 저서로는『오 신실하신 주』(간증),『화끈한 예화』(역서),『개구리 왕국』(콩트집),『인돈 전기』(전기, 공저),『신 없는 신 앞에』(단편집),『말씀 묵상 52주와 기도』(묵상집) 등이 있다.

묵상과 기도
야곱의 사닥다리는 하늘에 닿았는가

초판1쇄 인쇄 2007년 11월 20일 | **초판1쇄 발행** 2007년 11월 30일
지은이 오승재 | **펴낸이** 최종숙
편집 허윤희 | **펴낸곳** 도서출판 글누림
등록 제303-2005-000038호(등록일 2005년 10월 5일)
주소 서울시 서초구 반포4동 577-25 문창빌딩 2층
전화 02-3409-2055 | **FAX** 02-3409-2059 | **이메일** nurim3888@hanmail.net
ISBN 978-89-91990-79-1 03230
정가 9,800원

* 잘못된 책은 교환해 드립니다.